大震災 日本列島が揺れた

高校生・高等専修学校生75人の記録

NPO法人
仕事への架け橋 編
まど・みちお 画

小峰書店

ことり

まど・みちお

そらの
しずく？
うたの
つぼみ？
目でなら
さわっても　いい？

装　画　まど・みちお
作品名　「はる」（カバー表）
「雨の日」（カバー裏）

大震災　日本列島が揺れた

高校生・高等専修学校生75人の記録

目次

掲載高校マップ　18

作　文

十五回目の誕生日
岩手県立遠野緑峰高等学校一年　濱田《はまだ》由治《ゆうじ》　20

願いを叶える仕事に就く
岩手県立遠野緑峰高等学校二年　菅原《すがわら》美紀《みき》　24

希望が輝く未来へ
岩手県立遠野緑峰高等学校三年　菊池《きくち》真由《まゆ》　28

東日本大震災からのメッセージ
岩手県立水沢商業高等学校三年　小野寺《おのでら》美奈《みな》　33

笑顔と勇気と努力
岩手県立水沢商業高等学校三年　小野寺《おのでら》有希《ゆき》　37

震災の経験から
岩手県立水沢商業高等学校三年　菊池《きくち》　恵美《めぐみ》　40

希望を持って再出発
岩手県立水沢商業高等学校三年　菅原《すがわら》　由依《ゆい》　44

震災を通して学んだこと
岩手県立水沢商業高等学校三年　千田《ちだ》　柊子《とうこ》　48

人を元気にすること
岩手県立水沢商業高等学校三年　千葉《ちば》　夏美《なつみ》　51

夢は叶えるためにある
岩手県立水沢商業高等学校三年　千葉《ちば》　悠奈《はるな》　55

震災を通して
岩手県立水沢商業高等学校三年　千葉《ちば》　真珠美《ますみ》　59

同じ思いを持っている
岩手県立水沢商業高等学校三年　渡辺《わたなべ》　麻《あさ》　62

馬たちとのお別れ
宮城県農業高等学校二年　小野寺《おのでら》　葵《あおい》　94

地震を通して
宮城県農業高等学校二年　小林《こばやし》　拳也《けんや》　98

ピンチをチャンスに、そして日本一のバラを
宮城県農業高等学校三年　佐藤《さとう》　禎俊《さだとし》　101

目標はぶれない
今泉女子専門学校高等課程（福島県）三年　菅野《かんの》　みずき　106

震災を乗り越えて
今泉女子専門学校高等課程（福島県）三年　村田《むらた》　夏美《なつみ》　110

世界と生きる国連職員になる
福島県立郡山高等学校一年　増子《ましこ》　光希《みき》　114

夢とともに恩返し
福島県立福島東高等学校三年　今野《こんの》　紗緒里《さおり》　118

自分で作る夢
福島県立双葉高等学校一年　石塚《いしづか》　真友《まゆ》　123

私の夢
福島県立双葉高等学校一年　長田《おさだ》　麻理《まり》　126

夢
福島県立双葉高等学校一年　竹原《たけはら》　健太郎《けんたろう》　130

今できること
福島県立双葉高等学校二年　今福《いまふく》　彩花《あやか》　134

自分がなりたい先生を目指して
福島県立双葉高等学校二年　小野田《おのだ》　留奈《るな》　138

子どもたちのために
福島県立双葉高等学校二年　小松《こまつ》　夏子《なつこ》　142

「当たり前」に感謝を
福島県立双葉高等学校二年　今野《こんの》　美佳《みか》　145

震災をバネにして
福島県立双葉高等学校二年　鈴木《すずき》　康弘《やすひろ》　148

強く
福島県立双葉高等学校二年　本田《ほんだ》　梨華《りか》　151

あきらめないことの大切さ
福島県立双葉高等学校三年　秋元《あきもと》　亮祐《りょうすけ》　154

ボランティア
福島県立双葉高等学校三年　石井《いしい》　和貴《かずき》　157

光あふれるふるさとのために
福島県立双葉高等学校三年　遠藤《えんどう》　孝明《たかあき》　160

私の夢
福島県立双葉高等学校三年　遠藤《えんどう》　ひとみ　163

三・一一
福島県立双葉高等学校三年　久保田《くぼた》　樹《いつき》　167

傷を乗り越えて
石川県立津幡高等学校三年　織田《おだ》　光基《みつき》　196

「楽しさ」を追い求めて
石川県立津幡高等学校三年　櫻井《さくらい》　滉子《あきこ》　199

心を一つに
石川県立津幡高等学校三年　宮野前《みやのまえ》　怜子《れいこ》　202

私たちがすべきこと
愛知県立岩倉総合高等学校三年　日比野《ひびの》　瑛美《えみ》　206

感謝の気持ちを持ち続ける
安城生活福祉高等専修学校（愛知県）二年　井上《いのうえ》　菜月《なつき》　210

ボランティア体験記
菊武ビジネス専門学校高等課程（愛知県）三年　菊池《きくち》　真《まこと》　213

有言実行で乗り越える
藍野学院短期大学附属藍野高等学校（大阪府）一年　緒方《おがた》　杏《あんず》　217

被災地への想い、そして団結力
藍野学院短期大学附属藍野高等学校（大阪府）二年　大山《おおやま》　七海《ななみ》　220

今の自分にできること
藍野学院短期大学附属藍野高等学校（大阪府）二年　宮川《みやがわ》　美智子《みちこ》　224

スポーツの夢
大阪府立香里丘高等学校三年　石井《いしい》　雅子《まさこ》　227

空のこと
大阪府立香里丘高等学校三年　大谷《おおたに》　桃子《ももこ》　230

がんばろう日本
和歌山県立那賀高等学校一年　呉《くれ》　風征《ふうせい》　233

明るい未来に向けて
和歌山県立那賀高等学校一年　筒井《つつい》　菜月《なつき》　236

支え合い
和歌山県立那賀高等学校一年　中島《なかじま》　咲良《さくら》　239

今日という日を大切に
滝川第二高等学校（兵庫県）三年　後藤《ごとう》　尚仁《なおと》　243

東日本大震災が私に与えてくれたもの
滝川第二高等学校（兵庫県）三年　西尾《にしお》　賢《けん》　247

復興に向けて
滝川第二高等学校（兵庫県）三年　葉田《はだ》　勇志《ゆうじ》　250

信じる力
滝川第二高等学校（兵庫県）三年　平野《ひらの》　貴大《たかひろ》　253

道
滝川第二高等学校（兵庫県）三年　古谷《ふるたに》　末沙貴《みさき》　256

今、私たちにできること
岡山県立岡山南高等学校三年　中田《なかだ》　大貴《ひろき》　259

千二百キロの友情に支えられた「がんばろう！」
山陽女子高等学校（岡山県）二年　南《みなみ》　いくえ　262

＊
＊

高校生たちの貴重な体験は、後世に語り伝えていくべきもの
ＮＰＯ法人 仕事への架け橋　事務局長　西島《にしじま》　芳男《よしお》
288

高校生や高等専修学校生に「職業」や「仕事」について考える機会と発表の場を提供することを目的にスタートした「私のしごと」作文コンクール。

二〇一一年の震災以降に、「東日本大震災若者応援メッセージ」と銘打《めいう》って募集を呼びかけた第７回コンクールには、全国から４１０４編もの作文が寄せられました。

被災した東日本地区の高校生・高等専修学校生をはじめ、日本全国から届けられた「仕事」、「将来」、そして「生きる」ということを見つめた真摯《しんし》な言葉。

全応募作品の中から、厳選した75編を収録しました。

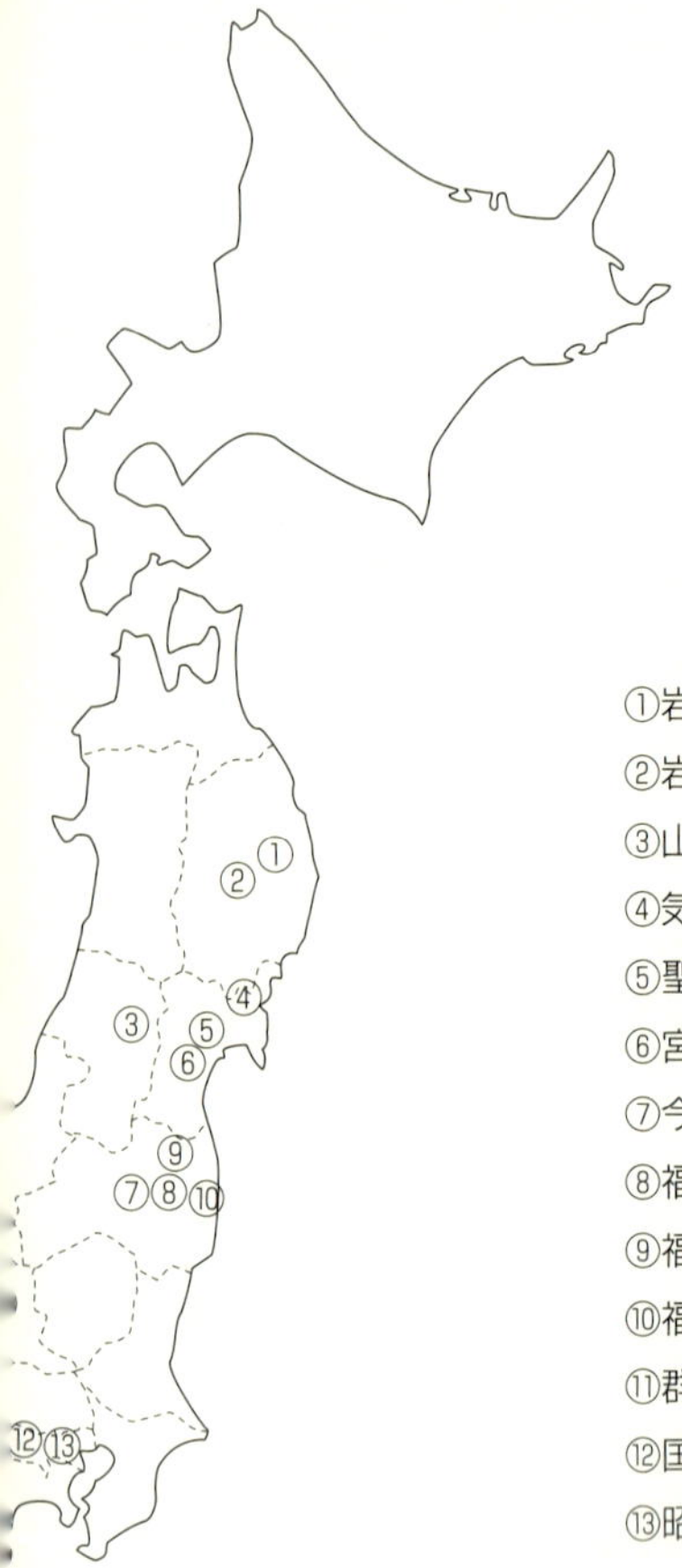

①岩手県立遠野緑峰高等学校
②岩手県立水沢商業高等学校
③山形女子専門学校高等課程
④気仙沼女子高等学校（宮城県）
⑤聖ドミニコ学院高等学校（宮城県）
⑥宮城県農業高等学校
⑦今泉女子専門学校高等課程（福島県）
⑧福島県立郡山高等学校
⑨福島県立福島東高等学校
⑩福島県立双葉高等学校
⑪群馬県立中之条高等学校
⑫国際ビジネス専門学校高等課程（東京都）
⑬昭和女子大学附属昭和高等学校（東京都）

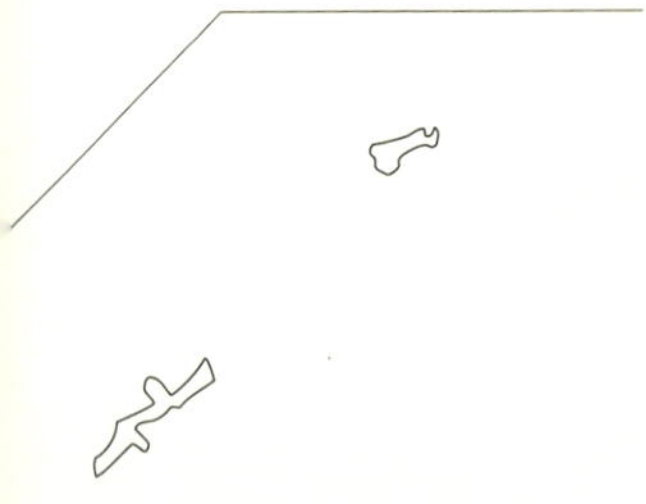

掲載高校マップ

⑭石川県立津幡高等学校
⑮愛知県立岩倉総合高等学校
⑯安城生活福祉高等専修学校（愛知県）
⑰菊武ビジネス専門学校高等課程（愛知県）
⑱藍野学院短期大学附属藍野高等学校（大阪府）
⑲大阪府立香里丘高等学校
⑳和歌山県立那賀高等学校
㉑滝川第二高等学校（兵庫県）
㉒岡山県立岡山南高等学校
㉓山陽女子高等学校（岡山県）
㉔熊本県立玉名高等学校

十五回目の誕生日

岩手県立遠野緑峰高等学校一年
濱田《はまだ》 由治《ゆうじ》

「好きで、生まれてきた、わけじゃない……」

ふと、そんなふうに思った時があった。

「好きで、生き残った、わけじゃない……」

誰にも言えない思いを、奥歯でかみつぶした時があった。

けれども、今はそう思わない。

十五年前の三月十一日。僕は生きようと必死にもがいたはずだ。母と一緒に死《し》に物《もの》狂《ぐる》いで頑張ったはずだ。そうでなければ三千グラムの人間の命が、この世に生を受ける奇跡なんてありえなかったのだから。

今年の三月十一日。僕は生きようと必死にもがいたはずだ。僕を助けようとしてくれたたくさんの人と死《し》に物狂《ものぐる》いで頑張ったはずだ。そうでなければ、あの状況の中、僕が生き残る奇跡なんてありえなかったのだから。

二〇一一年三月十一日の午後。僕は宮城県名取市《なとりし》の閖上《ゆりあげ》中学校『卒業を祝う会』で、地区公民館にいた。会場は、同級生とその父母、百人を超える人の笑顔と笑い声があふれていた。この日は僕の誕生日で、母と妹は僕のバースデーケーキを買いに会場を離れていた。

十四時四十六分、経験したことのない大地震で会場の表情は一変した。周りのあちらこちらから「津波が来るかもしれない」という言葉が聞こえる。僕は最初、「絶対に津波なんか来ない」と思っていた。少しして、心配した母が僕を迎えに来た。それが記憶に残る最後の母の姿になった。

数分後、黒いカベのような波は目の前に迫っていた。建物の床上《ゆかうえ》に上がった水の流れは、あっという間に深さと勢いを増して逃げようとする足もとをすくい、僕を水の中に引きずり込むようになぎ倒した。冷たい流れの中、僕は感じた。〝体力の限り頑張ること、あきらめないこと〟が、どれほど大切なのかを。

水面に出た時、流れる大きな木を見つけてしがみついた。どれほどの時間そうしていたか、どこをどう流されたのかもわからない。建物の二階に流れ着いた僕が自衛隊の捜索《そうさく》によって助け出され、救急車で病院に搬送《はんそう》されたのは翌日。低体温症での入院は一週間ほど続いた。多くの人の力で、僕の命の灯は消えなかった。

母と妹の安否がわからないまま、僕は病院を離れ、母の故郷「遠野《とおの》」で無事を祈り続けた。しかし、叶わなかった。母と妹の訃報《ふほう》を聞いた日、僕は声を上げて泣いた。涙が枯れるころ、十五歳の誕生日を過ぎてから何一つ自分で決めることができなかった僕は、初めてたった一つのことを決めた。〝希望は捨てない〟。

あの日から四か月、今になって感じることがたくさんある。最初、もうできないことばかりが頭に浮かんだ。母との思い出を振り返ってみると楽しいことばかりが浮かぶ。

就職したら母にしてあげたいこともあったのに、それも何一つできない。できないことの一つ一つが心の底から浮かび上がっては弾けて消える泡のようで、本当につらく感じた。

友だちや知り合いの大切さも身に染みて感じた。僕の携帯電話は水没し、どこへも連絡を取る手段はなかった。家族の安否すら確認できず、どうすればいいのかさえわからない入院中の不安な日々。数日後、病院を訪ねてきた母の友人にとてもたくさんのことをしてもらった。

今、僕は母の実家の伯父《おじ》さん一家にお世話になって岩手県立遠野《とおの》緑峰《りょくほう》高校に通っている。少しずつ新しい生活に慣れ、クラスの中に友人も見つけることができた。

僕は、生きている。十五歳の誕生日をたくさんの人の善意に支えられて、必死で闘って生きている。ちょうど十五年前のように……。

十五年前の誕生日。僕が生まれたことを、母は誰よりも喜んでくれたはずだ。十五回目の誕生日。僕が生きるために闘ったことを、頑張ったことを、〝希望を捨てずに生きる〟と決めたことを、母は誰よりも喜んでくれるはずだ。

将来、僕は、生きるために、生き続けるために〝仕事〟をしたい。そのための力を今つけたい。〝希望は捨てない〟と決めたから。

願いを叶える仕事に就く

岩手県立遠野緑峰高等学校二年
菅原《すがわら》　美紀《みき》

悪夢のような津波は、そこにあった全てのものを飲み込み、破壊していった。

この被害は、とてつもなくひどいもので、私の住む遠野《とおの》の隣町の大槌《おおつち》や、釜石《かまいし》も同様に飲み込まれ、見る影もなく荒廃した様子がニュースで報道されました。そして、被害にあった人たちの疲れ果て、生きる希望を失っている様子を見て、「私でもできることはないか？」と強く思いました。しかし、このニュースと同時にボランティアのあり方も報道され、やみくもに現地に行くことは、被災された方々の迷惑《めいわく》になるし、救助関係者の妨《さまた》げにもなるということを知りました。「何のスキルも持たない私が無計画に行っても役に立たないこと」を思い知らされました。

私は、理学療法士になることが夢です。理学療法士は、病気やけがにより身体的に日常生活に支障をきたした方々に、動作機能の回復をはかるリハビリテーションをサポートする仕事です。

私の祖父は膝《ひざ》に水がたまり手術をしました。その後リハビリが必要で、そのサポートをしていたのが理学療法士の方でした。手術前には立つこともやっとで、歩く時には杖《つえ》が必要でした。リハビリ後は軽快に歩けるくらいまで回復でき、とても驚きました。入院した時期はちょうど七夕で、病院内に七夕飾りが飾られ、その短冊の願いごとに祖父は「前のように歩けるようになりたい」と書いていました。退院時には以前のように歩けるようになり、願いが叶うことができました。理学療法士の仕事は、人の願いを叶えることができる。とてもすごい仕事だと思いました。

そして今、私は緑峰《りょくほう》高校で理学療法士になるために、精神的にも体力的にも成長できるように、勉強に部活に取り組んでいるところです。また、私が身につけたいと思っていることはコミュニケーション能力です。人と関わる仕事に求められる大切な要素は、患者さんとの信頼関係を築くことができるようなコミュニケーションスキルです。それを身につけたいと思っていました。

私は震災一か月ほどたったある時に大槌町《おおつちちょう》の避難所で、被災した方々の足湯と手のマッサージのボランティア活動をしました。避難所で入浴もできず、見ず知らずの人たちの集団で息を潜《ひそ》めた生活は、疲労が蓄積します。そのストレスを和らげるための活動です。そして活動中に、「つぶやき」を聞くようにと言われました。「つぶやき」とは、遠慮して言えないでいる方が、発信していることです。その内容を受け止めて、行政に届けたり、他のボランティア団体へ援助を要請したりして、避難所の生活環境の改善や、被災者の困っていることを手助けしていくことです。そこで私は何人かの足湯をしました。「車で避難中に津波が押し寄せ、自分は幸運にも逃げることができたが、後続の車が次々と飲み込まれていった。その中に自分の知り合いの人もいた」と。私はその話を聞いても、なんと相づちを打てばいいのか、なんと励ましの言葉を返せばいいのかわかりませんでした。高校生の私には、気のきいた言葉が、まったく浮かびませんでした。一方、隣の場所で、若い女性がお年寄りの足湯をしながら、親しみをこめた口調や相づちで接していて、お年寄りと短時間でも、とても親密な交流ができていたようでした。私たちが避難所を去る時もそのお年寄りは涙を流して、別れを惜しんでいました。これこそが私に必要とされているコミュニケーションスキルではないかと、気づかされました。

私はこれからも機会あるごとにボランティア活動に積極的に参加し、できるだけ多くの、年齢も、職種も、様々な人たちと接していくことが大切だということを知りました。将来、社会にも、人にも、そしてこのような災害時に、必要とされる人間になりたいと思いました。

希望が輝く未来へ

岩手県立遠野緑峰高等学校三年
菊池《きくち》　真由《まゆ》

私が進路について考えるようになったのは、つい最近のことです。それまでの進路希望調査をずっと「未定」でやり過ごしてきた私が、進路と向き合うきっかけになったのが大好きな音楽です。ピアノが私の特技なので「保育士」を目指すことにしました。

しかし、保育士になるためには専門学校に進学しなければならず、学費のことが気になって、なかなか親には打ち明けられませんでした。思いきって母に話すと、「子どもの数も減ってきているから働く所があるかわからないし、あったとしても臨時職員じゃないかな」と、言われました。母は親として、社会人として、現実社会の厳しさを教えてくれたのだと感謝する一方で、せっかく進学しても就職する場所がなければ、かけたお金も時間も全てが無駄《むだ》になってしまうのではないかと不安になりました。

進路に対する答えが見つからずにいた休日のある日、私は子どもたちと遊ぶボランティア活動に参加し、大槌町《おおつちちょう》の避難所を訪れました。被災地の様子はテレビでしかわからなかったので、自分の目で見て今起きている現実にしっかり向き合うと同時に、つらい思いをした子どもたちの力になれたらと思って参加を決めました。

大槌町《おおつちちょう》に着くと、海は目と鼻の先にあり、そのきれいな海とは対象的に、町は一面瓦礫《がれき》と化していました。三月十一日、あの大津波のせいでたくさんの家や命が一瞬にして消えた場所には、悲しみや恐怖しか残っていないと感じました。

避難所に着くと、子どもたちとの接し方などの説明を受けてから、子どもたちの所へと案内されました。避難所の子どもたちは思っていたよりも元気で、想像していた被災者の姿ではなく、ごく普通の子どもたちにしか見えませんでした。

その中で一人の男の子が印象に残っています。年は五～六歳でしょうか。何か話したそうに近寄って来たその子と目が合いました。「僕の宝物、津波で流されたんだあ」と、他の子どもたちが決して口にしないことを突然言うのです。事前の説明で、「津波や地震の話は避けるように」と言われていたので、私はその言葉に驚きました。どう答えたらよいのかわからなくて戸惑《とまど》っていると、「僕の宝物、何だと思う?」と続けて聞いてくるのです。返す言葉を見つけられず、黙《だま》ったままの私に、「僕の宝物は弟だよ。津波で流されたんだあ」と打ち明けるのです。

私よりはるかに小さい子どもたちが、大切な家族を失う悲しみを受け止めなければならないという現実。いきなり突きつけられたあまりにもつらいこの現実に、私は耐えられませんでした。涙をこらえるのが精一杯で、同情やなぐさめの言葉を一つも返してあげられない自分の無力さが悔《くや》しくなりました。

地震が来て、津波が来て、火事まで起きて。大切な家族を失い、怖い思いや我慢をたくさんしてきた子どもたちと接して、私は本気で保育士になろうと決意しました。「つらい思いや悲しい思いをしている子どもたちのために、今やれることを今やろう」

私が今一番やりたいことは、保育士になって子どもたちの成長を見守りながら、命の大切さを伝えていくことです。

子ども支援の国際NGO、セーブ・ザ・チルドレンの調査結果によれば、被災地域の子どもたちの約九割が「自分のまちのために、自分たちも何かしたい」と思っているそうです。

私は今、「自分のふる里が、いつまでも人々の笑顔が続く場所であるように、未来を支える子どもたちの力になりたい」と考えています。そして、自分の弟というかけがえのない宝物を失った男の子に、新たな宝物をプレゼントできるような保育士を目指します。

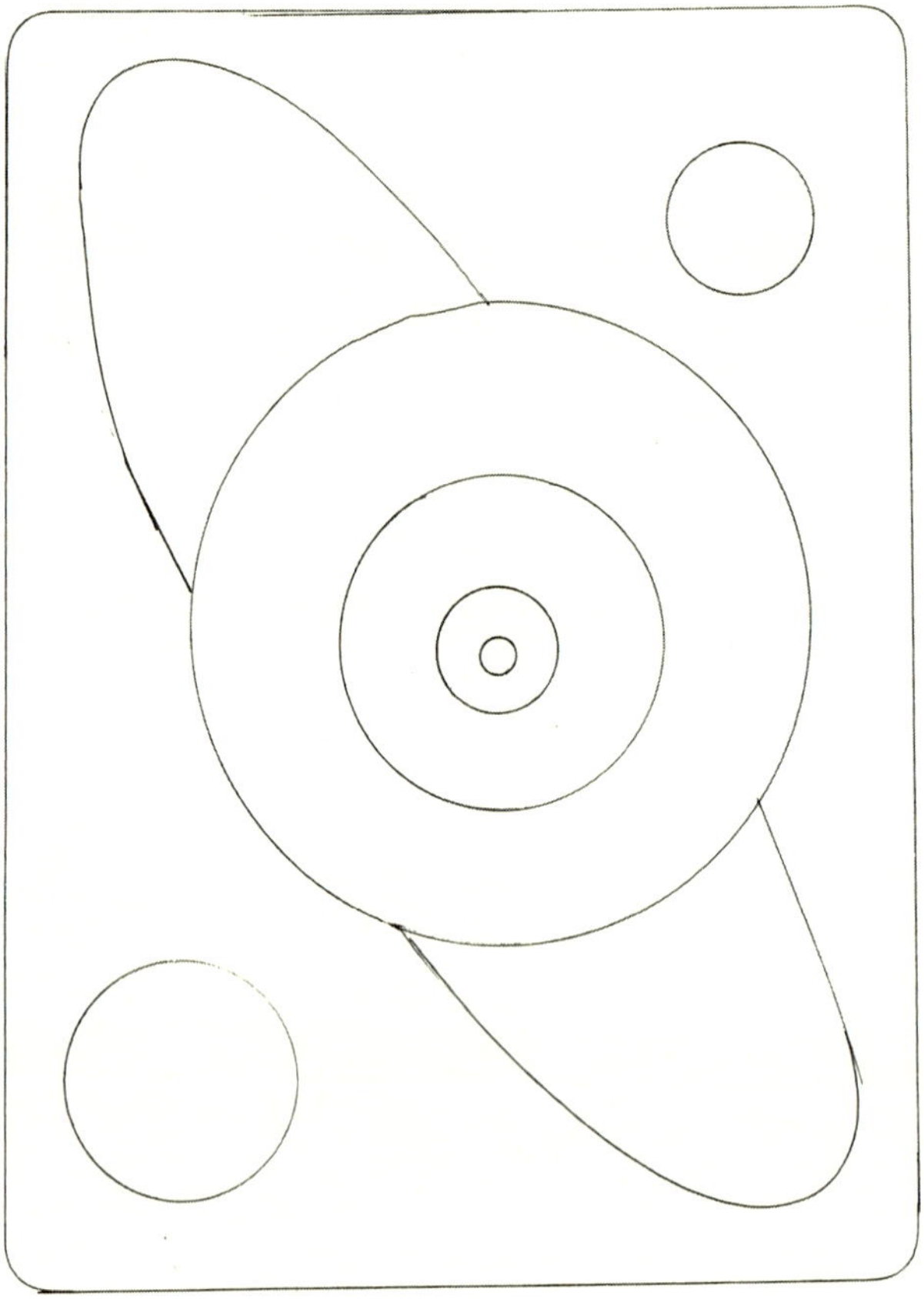

東日本大震災からのメッセージ

岩手県立水沢商業高等学校三年
小野寺《おのでら》 美奈《みな》

平成二十三年三月十一日午後十四時四十六分、東日本大震災が発生しました。私は家に一人で、悲鳴を上げながら外に出ました。電柱や家や道路がまるで陽炎《かげろう》のように揺れていて、そこに私は涙を流しながら座っていました。その後、停電してしまったので、携帯のワンセグを見てみると、大きな津波が仙台《せんだい》空港を襲《おそ》っていました。翌日、電気が復旧したのでテレビをつけてみると、想像もできないぐらいの被害の状況で度肝を抜かれ、さらに、母の実家である陸前高田市《りくぜんたかたし》が八割も壊滅という状況に唖然《あぜん》としてしまい、祖父と祖母の安否ばかりが気になっていました。しかし、残念ながら、実家は流され、祖父は死亡してしまいました。祖母は高台に避難したので無事で、今は仮設住宅に住んでいます。

そんな中で、強くいてくれたのは母です。母は育ってきた陸前高田市《りくぜんたかたし》の壊滅状態や祖父の死、友人の死などで大きなショックを受けたはずです。それにも関わらず、家族のためにご飯を作ったり、洗濯をしたり今までと変わらない家事をこなし、さらには仕事へも行き、震災前を保っていてくれました。しかし、ご飯を作っている母の背中を、ふと見てみると震えていたり、鼻をすすり、目をこすって涙をふいているような動作をしていたり、祖父の写真を見ながら長袖で目をふいていたりと、ふと見た後ろ姿が、私の心に針が刺さるような痛みを与えました。もしかしたら、母は涙を見せないようにしていたのだと思います。そんな母は、どこか悲しげで、かつ輝いて見えたのです。母の灯は消えそうになりながらも強く輝いていたと思います。私も、強くありたいと思いました。その日から学校の生徒会として、全校に被災地への募金を呼びかけ、集まった義援金を被災地の同じ高校生に届けて震災時の話を聞き、生徒総会で被災地からのメッセージの架け橋となったり、ボランティア活動をしに行ったりと活動してきました。被災地のために活動してきて、誰かのために動いていることがうれしくて、そのうれしさが動く原動力を与えてくれました。それはきっと、私だけではないと思います。被災地のために活動している人は私と同じような思いの他に、助けたいという一心でひたすら支援している人もいるはずです。日本だけでなく世界中でも日本へ祈りを込めている人がたくさんいることをニュースで知りました。被災地のために動くこと、祈ることは、復興のために着実に力になっているはずです。私も日本中も、そして世界中もこれからも被災地のために何か行動すれば、必ず復興への道はまだまだ開けます。今こそ、人の優しさを人へ伝えていくべきです。東日本大震災により、家族、友人、ペット、大切にしていたものが消えてしまった人はたくさんいます。そのことから、私は関わっている全ての人をさらに大切にしようと思いました。いつも何気なく過ごしている家族には、支えられていることに感謝したいですし、ばかをして笑い合っている友人には、どんな時でも笑顔でいる環境を作ってくれていることに感謝をしたいです。そして私は、つらいことがあっても母のように気を曲げずに真っ直ぐに生きる、強い存在でありたいです。

東日本大震災は、私たちに大切なことをたくさん教えてくれたと思います。「今まで過ごしてきた環境、人、動物、物、関わってきた全てのものに感謝しなさい！」と教えてくれたような感じがします。そして、人々が一つになる場を与えてくれました。完全に復興するまでは、まだまだ時間がかかるかもしれません。ですが、これからも人々が一つになり、歩んでいくことで、復興へ力がつくはずです。私はそう信じています。私はこれからも被災地のために行動していきたいですし、就職してからも、復興社員として働いていきます。手を取り合い、共に歩んでいきたいです。

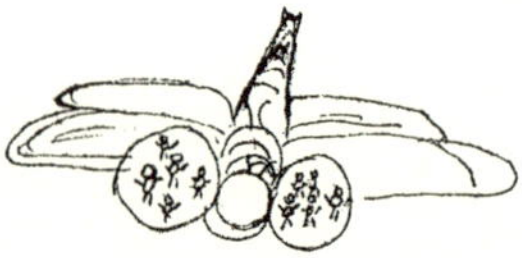

笑顔と勇気と努力

岩手県立水沢商業高等学校三年
小野寺《おのでら》　有希《ゆき》

東日本大震災。多くの人の命を奪い、多くの人の夢までを奪っていった。しかし落ち込んでいるだけでは前に進めない。みんなで協力し合い、新しい岩手へ向かっていこう、誰もがそう誓《ちか》っただろう。

千年に一度の大震災。この年に就職活動に取り組まなくてはいけなくなった私たち高校三年生。なぜこの年なの？　と私は何度も思いました。今までだって厳しいと言われ続けてきているのに、もっと苦しめられて、たくさん不安にさせられて、「就職」という言葉を聞くだけで、「がんばって！」という言葉を聞くだけで涙が出てくるくらいつらい時期がありました。しかし私は、自分らしくないと思い、明るく前向きに考え、「第一希望の就職場所に受かってやろう！」そう心に決めました。

私は、明るく元気で誰とでも気軽に話ができます。それは私のよいところだと思っています。このような性格の私が一番輝ける場所、そして私が一番やりたい仕事……。それはホテルの仕事だと思っています。ホテルの仕事にも様々ありますが、一番やりたいのはフロントです。胸を張って言えることでもないけど、私はホテルのフロントでたくさんのお客様とふれあいたいと思いました。三年間、野球部のマネージャーとして部員をサポートし、目配り、気配り、思いやりを日々心がけて取り組んできました。その他にも、大会の補助員として、アナウンスをしたり、チケット販売をし、お客様からの苦情だったり、落とし物をした方への対応だったり、臨機応変に行動してきました。野球部のマネージャーをすることで、その場に応じて、適切な手段をとるという力が身についたと思っています。また、私は商業高校の商業科として、「チャレンジショップござえんちゃハウス」という生徒一人一人が仕入から販売まで行い、社会の厳しさ、楽しさを学んできました。そこでも商品の説明だとか、お客様に対する接客の仕方など、体で体験することにより、言葉づかいなど学ぶことができたと思います。

このような人と接する仕事を体験してきた私は、接客するということに、少しですが、自信を持つことができました。そしてホテルの仕事に就こうと思ったのです。東日本大震災で多くの人の職が失われたと思います。今までは大学生、専門学校生、高校生がライバルでしたが、今年はその震災で職を失った人も加わるという話を聞きました。本当にそうなら不安がたくさんあふれそうです。しかし私には、部活動で鍛《きた》えた精神力、商業科の販売実習で備わった接客力があります。その他にも、私の長所である、明るくて元気なところや負けず嫌いなところがあります。それを私の武器として頑張っていこうと思います。

東日本大震災で失われた多くの命、そして多くの夢。生きている私たちが、高校生の私たちが、失われてしまった多くのものを岩手を、東北を取り戻していかなければならないと思います。そのためには、一人一人が大震災を心にとどめて復興のために就職し、仕事をしていき、岩手を活性化していかなくてはいけないと思います。

私は、自分が一番輝ける職業に就き、やりがいや生きがいを感じられるような人生を歩んでいこうと思います。そして、高校生活で学んだたくさんのことを活かして、自分らしく明るく元気にそして笑顔で！　夢を叶えてみせます。落ち込んでいても何も始まらない。前を向いて一歩ずつ。それが私のやりかたです。

震災の経験から

岩手県立水沢商業高等学校三年
菊池《きくち》　恵美《めぐみ》

私は三月十一日に起きた巨大な地震を、部活の最中に経験しました。その日はちょうど三時までの練習で二時半ぐらいから片づけを始めていました。そして二時四十六分。あの強く、大きく、そしてとても長い地震が起きました。最初はすぐにおさまるだろうと思い、普通に立っていましたが、まったくおさまる様子はなく、友だちの指示で急いで机の下に隠れました。地震の時は、部員が十数人ほどいました。ですが、その時に先生はいませんでした。私は自分の隣で泣いている友だちをずっと励まし続けました。友だちを励ましつつも内心は、自分もとても恐怖を感じていました。強く、大きく、長い地震がおさまった時、先生が私たちの教室にやってきました。机の下から出て、立ち上がり、周りを見た瞬間、とても驚きました。いつも使っている教室の物はほとんど倒れていて、見るも無残な結果でした。先生の指示で帰る支度をして、学校の外へ出ました。私は母がすでに迎えに来ていたので、母の車に乗って家に帰りました。車の中ではお互いが経験した状況を話したり、ラジオを聞いたりしていました。窓の外を見るとお店の大きな窓ガラスが割れていたり、道路にひびが入っていたりと、初めて見る光景が広がっていました。何とか無事に家にたどり着き、私は少し安心しました。でも家で待っていたのは、停電の恐怖でした。二日間も電気がない生活は人生で初めての経験でした。停電中は家族全員で協力し合いながら生活しました。

停電が直り、久しぶりにテレビを見れると最初はうれしい気持ちでしたが、画面を見た瞬間、その気持ちは全て崩れていきました。目に映ったのは沿岸地域の映像でした。あの映像は衝撃的で言葉が出ませんでした。何度か行ったことのある場所が見たことのないような姿に変わっていました。

地震から一か月経ち、四月に私は高校三年生になりました。新学期を迎え、私は自分に何かできることはないのだろうかと考え始めるようになりました。私は学校の生徒会として、まず募金活動を始めました。生徒や先生、そして保護者に呼びかけ、たくさんの義援金を集めることができました。その集めたお金は奥州市《おうしゅうし》で指定され、私の学校は住田《すみだ》高校に送ることになりました。住田《すみだ》高校に行き、まず集めたお金を渡し、地震の時の話や、避難所生活での話、これからどう生活していったらよいのかなどを話してくれました。その時の話で、どんなことがあっても油断はせずにもしものことを考えて行動してほしいということが印象に残りました。

それ以外にも私はボランティアに参加しました。ボランティアでは、沿岸の方へ行き、がれき撤去《てっきょ》をしてきました。六月中旬に行ったのですが、地震から三か月経っているのにまだ全然片づいていないことに驚きました。片づけ作業は釘《くぎ》が出ていたり、ガラスの破片があったりして危険な所もありました。ですが、途中で泥まみれの写真やアルバムが出てきた時は、とても悲しい気持ちにもなりましたが、この人たちのために頑張りたいという気持ちが出てきました。

今回の震災の影響でたくさんの問題が起こりました。ですが、周りに流されることなく、自分の意志を強く持ち行動していくことが大切だと思います。そして起きた問題は人任せにせず一人一人が自分のことと思い、日本全体でこれから解決へ向けていくべきだと私は思います。

この震災を貴重な体験をできたと感じ、経験した人たちは次の世代の人たちへ語りつないでいって、今回起きた失敗の部分は、また大きな地震が起きた時に、また失敗することのないようにしなきゃいけないと思います。

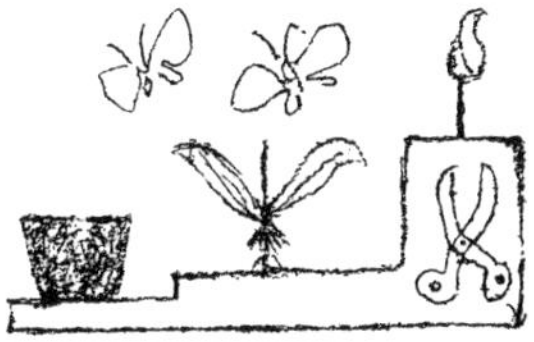

希望を持って再出発

岩手県立水沢商業高等学校三年
菅原《すがわら》　由依《ゆい》

二〇一一年三月十一日、日本人は、今までに経験したことのない、大災害に遭遇《そうぐう》しました。マグニチュード九・〇の地震の数分後、三十メートルを超える大津波が、各沿岸地域を襲《おそ》いました。その結果、過去最悪の死者、行方不明者を出してしまいました。また、町の被害がひどく、町の中心地に泥がたまってしまったり、壊滅状態の町も出てしまい、さらには、地震の影響で、一時食料不足や、水不足、また、電気が使えないという、不安ばかりの毎日が数日続き、日本は大変厳しい状況の中に置かれました。

そして、東日本大震災から、約四か月が経とうとしています。まだ、避難所で生活している方たちもいますが、仮設住宅で暮らせるようになった方たちもいます。道路もだいぶ片づけられ、自動車を走らせることができるようになりました。しかし、完全に復興できたわけではなく、町にはまだたくさんのがれきが残っており、また、まだ行方不明者が見つからない状況でもあります。

そんな中でも、被災地の方々は、今日まで、自分たちの力や、ボランティアで来て下さった方々と協力して少しでも早く復興させようと頑張っています。

被災地の方々が「頑張ろう」と思う原動力は何なのでしょうか。私は、地元の小学生、中学生、そして、私と同じ、高校生の皆さんではないかと思います。彼らが、被災地の方々を元気づけ、明るくしていると思います。

私がそう思う理由は、彼らが取り組んでいる、クラブ活動、部活動で一生懸命になる姿が、町の人々に「自分も頑張ろう」と元気づけていると思ったからです。

連日、テレビや新聞で見る、学生の活動は、人々を元気づけるものだと思います。吹奏楽部の方たちは、地元の人たちのためにコンサートを開き、地元ならではの踊りを披露《ひろう》する学生など、暗く不安な日々のことなど忘れてしまうような、明るい活動です。

中でも、野球やバレーボールなどのスポーツ活動を頑張る学生たちが、すばらしいと思います。

最初は、津波によって、野球でいえばバットやグローブ、ボールなどの道具が流されてしまい、また、グラウンドや体育館もぐちゃぐちゃになってしまいました。しかし、そこから少しずつ片づけをしていき、それぞれのスポーツ道具を集めていき、できる範囲で活動に取り組んできました。そして、大会にも出場していて、被害を受けて練習する時間もなかったのにすごいなぁと、大変尊敬しました。

地震が起きたばかりの時は、何もなくなってしまい、クラブ活動・部活動に取り組むことができなくなり、私は、いつになったら活動ができるようになるのか、と思いました。しかし、再活動したのは、私が思ったより早く、数日後、ニュースを見たら、「部活動再開」と報道されており、とても驚きました。その時のニュースは、沿岸地域の高校のバレーボール部のことだったのですが、部員の方たちが、「これからまた頑張っていきたい」「また部活ができてうれしい」と言っていて、また、「地元の人たちを元気づけたい」と言っていました。私は、彼女たちの発言がとても心強いと思いました。地震・津波が来て、「もうだめだ」と思って暗い気持ちのまま過ごすのではなく、「ここからまた頑張ろう、再出発だ！」という前向きな気持ちがとても伝わってきました。東北・日本は再出発できます。被災地の方々はとてもたくましいです。

被災地の学生たちのエネルギーは、日本全体を明るくしてくれます。皆さんの再出発がすばらしい力を発揮してくれると思います。

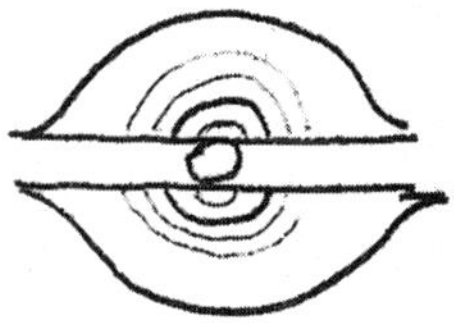

震災を通して学んだこと

岩手県立水沢商業高等学校三年
千田《ちだ》　柊子《とうこ》

今年三月十一日に起こった東日本大震災では、多くの物がなくなり、多くの尊い命が失われました。東日本の沿岸部の風景は大きく変わり、被害の大きかった地域では、町であった面影すらありません。

私の母方の実家が沿岸部にあるので、震災後足を運ぶ機会がありました。テレビの映像を見ていたので、それなりの覚悟をして向かいましたが、実際に見る被災地は想像以上のものでした。海から一キロ以上離れている実家にまで津波は押し寄せたようで、家の周りには瓦礫《がれき》の山。防波堤の内陸側も同じような光景で、沿岸側にいたっては瓦礫《がれき》すらもない状況になっていました。

信じられない光景を目にし唖然《あぜん》としている心境の中、私は祖母に会い、町を見た時とはまた違った衝撃を受けました。私は、祖母はてっきり落ち込んでいると思っていたのですが、そんな素振りを見せずに元気な姿を見せてくれたのです。心の中ではまだ整理がついていないだろうに、もうすでに瓦礫《がれき》の撤去《てっきょ》作業を始めている姿を見て、復興への意思を感じました。その他にも、沿岸にいる親戚の話などを聞くと、前向きにことを考えているようでした。

沿岸部の人たちは、私たちが思っている以上に強い心を持っています。私たちが「大丈夫だろうか」と心配している間にも、復興に向けての活動を始めているのです。

実際に津波を受けていない私たちは、ただ心配しているだけでよいのでしょうか。沿岸部の町は壊滅状態になってしまいましたが、そこで暮らしていた半数以上は、また同じ土地で暮らせることを願っています。津波に負けない町を再度作り上げるには、沿岸部の人たちだけでなく県全体の協力が大切だと思います。私たち高校生のように若い力も必要になってくるはずです。

被災地では今でもたくさんのボランティアの方々や、復興支援を行う方が働いています。被災地を訪れた時、私も実際に、瓦礫《がれき》の撤収《てっしゅう》作業を行う自衛隊を見ました。沿岸部ではライフラインがまだつながっていなかったりと、厳しい状況が続いています。そんな中で被災者のために、復興のために働く方々は、とてもすばらしいと思います。中には、仕事という意識ではなく、被災地の方々を少しでも助けたいという気持ちで作業している人も多いと思います。お金をかせぐという考えではなく、ボランティアのような精神で働いている人もいて、すごいと思いました。震災のことだけに関わらず、相手のために働く、作業するという気持ちは、とても大切だと思います。卒業後、私がどのような仕事に就き、働いていくかはわかりませんが、このような気持ちを持って取り組んでいきたいと思いました。

今回の震災で亡くなった方々の中には、高校生や二十歳前後の、年齢の近い人もいました。彼らの叶えられなかった夢や希望は津波によって失われてしまいました。私が今生きている今日は、彼らが生きたかった今日だと思います。不況が続いたり、就職難であったり、私にも悩みはあります。ですが彼らはそのような悩みを持つことさえできなくなってしまいました。今までは毎日何となくで過ごしてきましたが、そのようなことを思うと、この一日をただ流れるままで過ごしてよいのかと思います。亡くなった方々全ての思いを背負うわけではありませんが、私が棒に振ってきた一日一日がどれだけかけがえのないものか考え、大切に過ごしていきたいと思います。

人を元気にすること

岩手県立水沢商業高等学校三年
千葉《ちば》　夏美《なつみ》

あの悪夢のような東日本大震災が発生してから、私たちの生活は大きく変わりました。スーパーの電気が消され、テレビでは毎日のように各地の地震による被害が放送されています。私たちはまたいつ起こるかわからない地震におびえる日々を送っています。しかしながら、そんな私たちを支えてくれる人がいることを忘れてはいけません。人の働く力は人を元気にさせてくれるということを、私は今回の震災から学びました。

私は、学年が上がるにつれて、「働く」とはどのようなことなのかと真剣に考えるようになりました。学生である自分も、いずれ働くことになることはわかっています。しかし自分がしたい仕事はどれだけの人のためになるのか、それは本当に自分に合った仕事なのかという疑問で、あまり「働く」ということに真正面からぶつかれていない自分がいました。

私は専門学校で学んでから就職することを考えています。私には医療の現場で働き、つらい思いをしている患者さんを笑顔にしたいという夢があります。しかし、一度これをあきらめてしまおうと思ったことがありました。高い学費により両親に負担をかけてまでその夢を追うべきなのか、自分には他に合う仕事があるのではないかなどという考えからです。このように悩んでいた時、私は自分の進路についての考えの甘さを改めて認識しました。

被災地では働きたくても働けない人や、進学するという夢さえ叶わなくなってしまった人がたくさんいます。それなのに、真正面から進路に対して向かいもせず、言い訳をして簡単にあきらめてしまおうとしている自分がとても情けなくなりました。もともと「あきらめる」という言葉が嫌いですし、被災者の方の分まで自分が働き、周りを幸せにしなくてはならないという使命感にかられました。この時、私は働くということは自分のためではなく、周りのために努力することであるということに気づきました。私は、自分の夢をあきらめず、将来、人のために働くんだという気持ちになることができました。

また、震災後に、私は多くの人に支えられて生きているということをとても強く感じました。停電により信号機が動かないため、交通整理をしている警察官や、見回りに来て下さる役場の方、外で販売するスーパーの従業員など、私たちの安心できる生活のために働いて下さる方がたくさんいました。その方たちのおかげで、震災の中でも私はあまり不自由することなく生活することができたのだと思います。この方たちがいなければ、私だけでなく、とても多くの方が困ったことでしょう。テレビを見ていると、被災地でつらい思いをしたにも関わらず仕事に励む方がたくさんいました。船が流されても海の仕事を続けたいと復興に向けて汗を流す人々の姿を、私はたくさん目の当たりにしました。この人は自分の仕事に誇りを持っていたんだと思い、私もそう思える仕事を手に入れたいと改めて考えさせられました。そして、私は働く人々の姿は周りに元気と勇気を与えることができるということを知りました。今、復興に向かっている被災地にとって、働く人々は必要不可欠な存在であると言えるでしょう。

私はこの震災により、「働く」ことの意味を改めて感じることができました。進路について悩んでいた自分にとっても大きな一歩になりました。仕事に対する思いは人それぞれですが、どんな仕事でも必ず人のためになっています。そして、私たちは、働く人々の姿から希望をもらうことができます。被災者の方が復興に向けて努力しているのと同じように、私も努力を忘れない職業人になりたいと思います。そして、他の人を元気にすることができたら、私の夢は叶ったと言えるでしょう。

夢は叶えるためにある

岩手県立水沢商業高等学校三年
千葉《ちば》　悠奈《はるな》

夢は叶えるためにある。

私はこの言葉をとても大切にしています。

私の夢はホテルマンになることです。この夢は中学生のころから抱《いだ》いてきました。ホテルマンと言っても、事務やフロントなどでの接客をするのではなく、結婚式のプランを立てたりする営業の部署でブライダルコーディネーターとして働くということが私の夢です。


ホテルに就職したとしても、すぐに営業の部署に配属されるということはとても少ないです。はじめは、宿泊客のベッドメイキングやフロント、レストランなどでの接客でホテルマンとしての知識や技術を身につけ、経験を積んでからではないと営業の部署に配属されることは少ないと思います。

また、最近では、結婚式を挙げるカップルの年齢が徐々に上がってきているため、若いコーディネーターにプランを立ててもらうより、自分たちと年齢が近いコーディネーターにプランを立ててもらう方がお客様も安心して式を挙げることができるということを、実際に働いている人に聞きました。

そんなホテルでの営業も、昔に比べると、結婚しても結婚式を行わないカップルが増え、営業が少なくなり大変だと思います。

三月十一日に発生した東日本大震災により、ホテルをはじめとするサービス業界の業績は大きく減ってしまったと思います。

どのホテルのお客様もいなくなり、来客数が例年の六十～八十パーセント近くも減り、その状況が続いたために従業員が大幅に切られてしまうということが起こりました。私はこの情報がテレビで報道されるたびに、これから、ホテルをはじめとするサービス業界は大変だなあと思うようになりました。

震災から数日が経ち、日本中が暗い雰囲気に陥っている中、明るいニュースを運んできたのはホテル業界でした。

ホテル業界は、避難所で生活している人々を無料で受け入れるという活動を始めました。

私はホテル業界のこの活動に感動しました。

ホテル業界もお客様が来なくて大変な時期であるのにも関わらず、被災者の人々のためにできることを行い、やはりホテル業界はすばらしい職業だと、改めて思いました。


岩手や宮城の沿岸部を中心として、震災により被害を受けた人々は、これからが復興本番です。まだまだ震災による爪痕《つめあと》は多く残されています。しかし、今ここであきらめてしまってはいけません。十八年前にも北海道南西沖地震により、震源地近くの奥尻島《おくしりとう》は津波により、島の一部地域が壊滅状態となってしまいました。島の人々は、「もうこの島はおしまいだ」と思ったそうです。しかしながら、北海道や国などの協力により、災害から五年という歳月で完全復興することができました。

地震大国である日本は、今までに多くの地震を経験してきました。それにも関わらず、日本は何度も復興してきました。今回の東日本大震災により被害を受けた地域も必ず復興すると思います。

震災から四か月以上が経ち、ボランティアに来る人々も徐々に減ってきたと思います。これからが本番だという時に、ボランティアの手助けが少なくなるのはとても大変だと思います。しかし、いつまでもボランティアの人々に頼っていてはいられないと思います。地域の人々が一丸となり、二度と同じような被害を出すことがないようなまちを築いていかなければならないと思います。そして、この震災を伝えていかなければなりません。

これからの日本はとても大変だと思います。

しかし、日本人一人一人が今やらなければならないことは何かを考え、新しい日本を作っていくべきだと思います。

私は、頑張れとは言いません。しかし、夢は持ってほしいです。夢を持つことは、決して悪いことではありません。夢は私たちに希望を与えてくれます。そして、元気にしてくれます。夢は叶えるためにあるのだから。

震災を通して

岩手県立水沢商業高等学校三年
千葉《ちば》 真珠美《ますみ》

東日本大震災があった三月十一日、私は学校にいました。面接練習を終え、教室に戻り友だちと話をしている時に突然感じた大きな揺れ。いつものようにすぐ揺れがおさまると思い待っていると、だんだん強くなっていき、立っているのがやっとの状態になっていました。揺れがおさまり外に出てみると、辺りは停電したくさんの人が外に出ていました。先生たちの点呼も終わり、駅へ行ってみるとすでに駅の入り口は閉まっていて、中に入れない人たちで混雑していました。仕方がないので近くのコンビニへ行ってみたところ、売る物は飲み物と電池だけと言われてしまい、十分くらいしたらコンビニも閉められてしまいました。居場所がなくなってしまったので、家族に連絡して駅に迎えに来てもらうように頼み、駅の外で待つことにして、また駅に戻りました。すると、駅の扉は開いていて、みんな中に入って迎えを待っている状況でした。二時間くらいして母が迎えに来て、家に帰ってみると食器やら何やらで家の中が大変なことになっていました。ひととおり片づけ終わったものの、停電していて周りの状況が何一つわからず、途方に暮れていました。ラジオを見つけ、つけてみるとすごく悲しいニュースばかりで、聞いているのがつらくなりました。夜になり、寒い中、家族で茶の間に集まって冷蔵庫にあった冷たい物を分け合って食べた地震一日目の夜。ロウソクの灯りだけを頼りに、みんな無言で食べたあの日の夕食のことは一生私の胸に刻み込まれて消えることはないでしょう。いつまで停電が続くのか、という不安と焦《あせ》りでいっぱいいっぱいになっていました。まさか、沿岸があんなことになっているとも知らずに。

地震発生から五日目の夜、やっと電気がつきました。早速テレビをつけてみると、ほとんど何も残ってなく壊滅状態の沿岸が映っていました。言葉なんて一つも出なくて、あふれ出てくるのは涙だけでした。テレビに映っている映像が私には信じられなくて、さらに追い打ちをかけるように言ったリポーターの人の一言一言がすごく重くて、どんどん増える死者や行方不明者の数に呆然《ぼうぜん》として、ただ、ただテレビの画面を見つめていることしかできませんでした。

地震から数日が経ち、私は気仙沼《けせんぬま》へ家族と行ってみました。そこで見た光景はやはり、テレビで見るより生々しくて、あんなにすてきだった町が瓦礫《がれき》で埋め尽くされていたり、舟が乗り上げられていたりなど、本当に見た瞬間何一つ言葉が出ませんでした。あまりにも悲惨《ひさん》すぎて、ここがあの気仙沼《けせんぬま》か、と疑ってしまうほどでした。家に帰ってもあの光景を何度も思い出してしまい、また涙が出てきてしまいました。

私の住んでいる内陸はあまり被害はなかったものの、今回の地震は一人一人何かしら感じたことはあると思います。始業式は誰一人として欠けることはなく出席することができたけど、その人たちの中にも、親戚や知人を亡くしてしまった人は多くいると思います。亡くなってしまった人たちの分も私たちはこれから頑張っていかなければならないし、私たちにできることを一生懸命取り組んでいかなければならないと思います。少しでも早く、避難している人たちの仮設住宅ができあがればよいと思いますし、きっとストレスもたくさんたまっていると思いますので、その人たちのストレスを取り除いてあげてほしいと思います。

日本が前よりよくなってほしいと思います。

同じ思いを持っている

岩手県立水沢商業高等学校三年
渡辺《わたなべ》　麻《あさ》

今回の大地震の影響で、去年よりもさらに就職をすることは難しくなった。私もそんな大変な高校生の中の一人だ。そして私自身も災害にあった中の一人なのだ。

三月十一日は春休みの真っ最中だった。午前中は学校へ行き、午後は家でゆっくりしていた。そんな時、地震が起こったのだ。外に出ると近所の子どもの泣き声が聞こえ、停電で周りの家の電気が消えていった。夜は車の中でラジオを聞きながら、止まらない余震におびえながら過ごした。ラジオを聞いていると、たくさんの人が津波で流された、家や車が流されたなどと、涙が止まらなくなるようなニュースが流れてきた。そして、私たちと同年代の人や、それより小さい子どもまで亡くなったというニュースも流れた。人生これからだというのに、全てをなくしてしまったのだ。きっと、これから楽しいことや夢があったかもしれないのに、それをなくすのは一瞬だったに違いない。そんな人たちのことを思うと、どんなことがあっても私は生きなきゃいけないと思った。それから、普通の生活に少しずつ戻ってきたころ、今年の就職はこれまで以上に厳しいという事実を聞いた。それを知って私はすごく不安になった。私は将来のことも詳しく決めていないし、乗り越えられる自信もなかった。就職が決まっていたのに、取り消される人もいた。そして、災害で職をなくす人もいた。企業はそんな人たちを優先的に採用すると言っていたので、私はより自信をなくした。

だが、亡くなってしまった人たちの分も生きていくと決めたのに、もう弱音を吐いていいのかと自分に問いかけた。こんなことで弱気になってはいけない、前を向いていこうと決心した。私は災害にあってから、より人のためになりたいと思うようになった。ラジオから流れるニュースを聞きながら、なんて私はちっぽけなんだろう。たくさんのお金もないし、何かができるわけでもない。そんな自分に腹が立つこともあった。私にできることと言えば、生きていくことしかないのだ。そして、自分の進路をつかむことだ。もともと、どんな形であれ、人のためになる仕事をしたかった。それが直接、亡くなった人のためにはならないと思う。でも、今回の災害で人と人とのつながりの大切さを学んだ。周りの人にもっと感謝しよう。そして、何がいつ起きるかわからないのだから、今のうちにたくさんの人と出会おうと思った。

もともと、私は人と関わることができる接客業か販売業の仕事に就きたいと思っていた。大地震にあい、人と人とのつながりの大切さを学び、よりそのような仕事に就きたいと考えるようになった。仕事をしている中でもっとたくさんの人たちに出会いたいのだ。だが、就職難と言われる現状を乗り越え、仕事に就けるかはまだわからない。その中を気持ちを強く持って、立ち向かわなければいけないのである。被災して亡くなってしまった人たちの中には、私と同じような職業に就きたいという思いを持って、夢に向かっていた人たちもいると思う。仕事だけではなく、様々なことへ夢を持っていたと思う。そんな人たちの叶わなかった夢を私たちは、叶えなければいけない。叶えるためには、一人一人がその人たちのことを常に心に思うことが必要だと思う。今回の震災は忘れてはいけないものである。大震災を経験した私たちならなおさらである。そして、これからの世代にも伝えていくべきであると思うし、その役割は私たちが担っている。そんな役割を担っている同年代の人には、一緒にがんばろうとエールを贈りたいし、夢に向かっていってほしい。被災にあい、亡くなってしまった人たちと同じ夢を持っている私も、今の夢である絶対に就職するということを叶えるために、常に心の中に被災された方たちのことを思い、これからを過ごしていきたい。

人間力を身につけて

山形女子専門学校高等課程二年
佐藤《さとう》　瑚子《ここ》

今回の震災を経て私の職業意識は少し変わった。サービス業の人たちの、ニーズに応えた迅速《じんそく》な対応・実行力・連帯感に驚いたからだ。遠方からのボランティアの方々もそうだが、地元の人たちも技術を駆使《くし》して、できることを無償《むしょう》で行う。道具を探して自転車を直す。シャンプーは水が貴重だからカットとふき取りだけの理容・美容。ラーメン・うどん屋、マッサージ……。コミュニケーションをとりながら笑顔を増やしていった。一人一役、確実に持ち場をこなす。少ない人数で日常切り盛りしているから、場所の確保・最低限の必要物資や避難所との連携も手際がいい。全てが速く、的を射ていた。技術もさることながら対応力が日常不可欠なんだな。修行の中で様々なことを身につけたんだな。人間力がすごいと思った。

別の意味で地域に対する仕事の責任ということにも気づかされた。役場の人・医療関係者は自ら被災者でありながら、仕事をしていた。新聞・報道関係者は情報を得て壁新聞を作っていた。会社が被災し、解雇《かいこ》されても腐った魚を連日片づける人。瓦礫《がれき》を片づける人。報酬《ほうしゅう》はなくとも、今までの仕事に責任を持つ人たちがそこにはいた。

原発の事故現場で働く人たち・自衛隊の人だって怖いにきまっている。その人たちが「自分たちしかできる人はいない」と頑張る。仕事は自身の自立のため、生活のためと思っていたが、一人では生活できない人間が責任を果たし合い、支え合うためにも欠かせないということに気づいた。それならば就いた仕事についてはしっかり学び、人から必要とされたら応えなければならない。どの分野に進んでも仕事に責任を持つ人間でありたいと思った。

私は将来ファッション関係の仕事に就きたいと思っている。小学生の低学年の時から自分が着たいと思った洋服の絵をよく描いていた。それは洋裁が趣味の母の影響が大きいと思う。一歳の誕生日にもらったケーキの形のガラガラは今でも鮮明に覚えている。薄ピンクのタオル地に苺やクリームが布でかわいく飾られていた。握《にぎ》りも布で痛くないように作られ、大のお気に入りだった。小学校低学年の学芸会用に作ってもらった緑のスモッグ型のワンピースはすごく気に入って、当日大いに盛り上がった。

思い描くものに仕上がることにあこがれ、進学の際「製作」を意識して、私は服飾専門学校を選んだ。

入学当初はデザインに興味があった。自由に色を操ることができ、膨《ふく》らんだ想像を表すことができるからだ。でも今は自分の手で服がきっちり仕上がることに魅力を感じている。一枚の布は三次元の想像をわき起こした。二次元で表せなかったものが現れ、イメージは際限なく広がる。そして技術が身につけば作品としてきっちり仕上がる自信がついた時、最高におもしろい、楽しいと感じた。目の前で実践《じっせん》してくれる技術者として先生がいて下さるのがまたうれしい。耳で聞いたことが目の前で繰り広げられるからだ。

今回の震災を体験して、アパレル界に寄せられる期待の大きさに驚く。衣食住。日々の生活で衣は確かに大切だとわかっていたが、存在は大きい。色彩面を学べば、カーテン一つにも心のケアの提案ができるし、素材面では季節に対応した衣服の提供ができる。現に節電絶対の今年の夏は、涼しいうえにきっちり着こなせる『ビズポロ』が注目を浴びている。しかしその縫製技術に応えられるのは東北の二工場に限られていると聞いた。入学時には感じなかったやりがいを感じる。多くを学び、多くを身につけ、応用力を身につけたい。そして起きてほしくはないけれど天変地異が起きてしまった時、一社会人として今度はきっちり責任を果たしたいと思う。

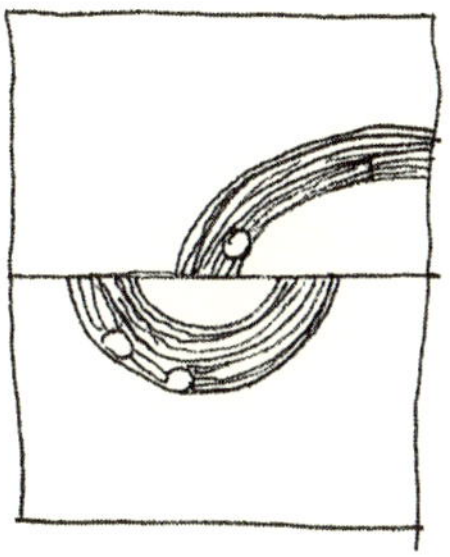

大好きな声を活かして

山形女子専門学校高等課程三年
矢作《やはぎ》　唯《ゆい》

私は将来、声優やラジオアナウンサーといった声を活かした職業に就きたいと思っている。それは声の持つ力を強く感じているし、私の発する言葉に耳を傾けてもらえるということに大きなあこがれを持つからだ。私が声優を真剣に考えるようになったのは、声優さんたちのイベントをＤＶＤで見てからだ。朗読をし、キャラクターになりきり、語りかけ、歌を歌い、観客を別世界に連れて行ってくれた。心がときめき本当に勇気がわいた。あの三月十一日東日本大震災の時も、チャリティーを企画し寄付を集めた。子どもから大人まで、それぞれの受け止め方で笑顔になる人々に共感し、様々な場面で対応できる声優という職業に、改めて大きなあこがれを抱《いだ》いた。

小さいころ、私は声優の存在を知らなかった。あの映像に声をかぶせているなんて想像ができず、声を出す映像があると思っていた。そのくらい映像と声・台詞《せりふ》はマッチしていたし、声優さんたちがキャラクターになりきっていたからだ。あんな小さい子どもの役を大人がするなんて考えられなかったし、子どもなら台詞《せりふ》をこんなにうまく演技できないと思ったからだ。だから声優の存在を知った時は、役になりきる想像力・演技力に驚いたし、様々な声を使い分ける技術にあこがれた。そして中学生になった私は大好きだったミゲルの声優が皆川純子さんだと聞き分け、ネットで確かめてみた。結果は大当たり。私は皆川さんのような声優になりたいという思いを強くしたのだ。

また別の理由。実は私には学校に行けない時期があった。きっかけは小学校四年生の転校だった。まだ親しい友だちがいない時期、クラスの男の子にかけられたからかいの言葉が耳から離れない。気にしなければいいというかもしれないけれど、言葉・声は私の心に強く響いた。敏感に感じるからこそ声を、言葉を、よい方に活かす仕事に就きたいと思うようになっていった。

そして三月の大震災。私はラジオの声に本当に救われた。生まれて初めての大きな揺れに心臓はドキドキしっぱなしだった。寒さのうえ夜になっても灯かない電気に早々にベッドに入った。でも眠れない。そんな私に父がラジオを貸してくれたのだ。

そこから出る語りかけの言葉は私を徐々に落ち着かせていった。何度も繰り返される「大丈夫」という言葉。「もう少しで朝が来ます」「一人ではありません。私たちがついています」という励ましの言葉。関西・東海からの便り。アンパンマン、となりのトトロの音楽。多くの人がつながっているという実感が私を勇気づけた。声の力ってすごい。言葉って温かい。改めて感じたことだった。

ここ二年、進路選択に悩む私を励まし続けてくれたアニメがある。『金色のコルダ』だ。バイオリンに引き込まれる女の子が悩み、苦しみながらも前向きに頑張る様子が描かれ、そのがんばりが周囲を動かし、夢が叶っていく物語だ。そのアニメを見ると気持ちが奮い立つ。努力を続けると理解者が増え、道が開いていくと希望が持てる。私も頑張ってみたいという気持ちがわく。

声優と一言で言っても、深い読解力から始まり発声、間の取り方、心情表現……と学ぶことは多岐《たき》にわたる。でも私には、学ぶことで、転校のからかいでトラウマになった言葉の恐ろしさから解放されたいという思いもある。聞く方は言葉を一方的に受け取るが、発する人にも様々な内面の葛藤《かっとう》がそこにはあったはずだ。言葉を学び、人を学び、声を、多くの人を勇気づける力として活用したい。そしておとなしいと思われている私の声を解放したい。私は本来、元気で明るい私の声が大好きだから。

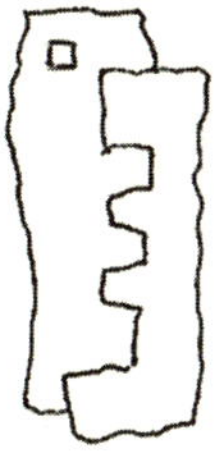

黒と赤

気仙沼女子高等学校（宮城県）二年
戸羽《とば》　愛佳《あいか》

その日は三月十一日だというのに、大粒の雪が降っていてとても寒かった。そのため、いつもは学校周辺を走る部活動のウォーミングアップを校舎四階の廊下で行うことになったのだ。始めて何分か経った時、いきなり大きな地鳴りが響いた。その時の「ゴゴゴゴ」という音は、今まで聞いたことがないくらい大きかった。その地鳴りの後、地震が起きたが、私はどうせすぐおさまるだろうと軽く考えていた。しかし、揺れは強くなる一方だった。部長の判断で、向かいの教室に入り、机の下に潜り込んだ。その教室は数週間前まで、三年生の先輩が使用していた所であった。そのため、教室には物がないはずなのに、地震のせいでたくさんの物が散乱していた。揺れはどんどん大きくなる。このまま揺れはおさまらないかもしれない。私は死ぬのかな……、死にたくない……。という気持ちが交差していた。

どれくらい時間が経っただろうか。だんだん揺れが小さくなってきた。すると、顧問の先生が教室のドアの所から「早く外に逃げろ」と大声を張り上げた。もし、その日、雪が降っていなかったら、もし、その時先生が部活動に来ていなかったら、私たちはどうなっていただろう……と考えると、重なった偶然に感謝の思いがわいてくる。校庭に出た私たちは余震におびえながらも互いに励まし合った。幸いにも私の学校は高台にあるため二次避難の必要はなかった。この時までは。数分後、「大津波が来る」という市内放送が流れた。しばらくしてゆっくりと海が本性をあらわにした。普段は穏やかな海にこれほどまでに恐怖を感じたことはなかった。波はみるみるうちに街をめちゃくちゃにした。もうやめて、と心の中で何度叫んだかわからない。それと同時にこの瞬間、たくさんの命の灯がはかなく消え去った。いや、津波によって殺されたのだ。私の祖父と祖母もその一人だ。そのことを知らされることになったのはそれから数週間後であった。

ぐちゃぐちゃになった街をまたもや災害が襲《おそ》った。真っ黒な波の次は、真っ赤な炎だった。津波で壊れたタンクから重油が海にもれ、発火し、波に乗ってこちら側まで流れてきた。学校も危険だということで二次避難せざるを得なかった。爆発音が響き、そのたびに犬が吠《ほ》えていた。私も犬のように叫びたかった。でも、励まし合い、助け合い、山を登り下りした。その時の空は夕焼けのように真っ赤に染まり、星すら顔を出せない状況だった。停電の闇中《あんちゅう》、空の明るさが一層不気味に際立っていた。そんな中の避難となったのだった。

もうあの日のことは、あまり思い出したくはない。数か月経った今でもふとした瞬間に胸が痛むのだ。そんな時だからこそできることは何だろうと考えた。その結果、人を笑顔にしたいという想いがわいてきた。元から人の笑顔を見るのが好きだった私は避難所などでも元気を振りまいてきた。こんな状況だからこそ明るく生きたかったのだ。

そんなことがあってからの私の夢は変わった。『人を笑顔にする仕事』そんな仕事に就きたい。また、「ありがとう」と言ってもらいたいし、そう言われる人になりたい。あの日の記憶を心の片隅に置き、前を見て歩んで行きたい。いつかこの街の復興を促進できるくらいの力を取得し、一人ではなくみんなでやっていきたいと思う。この街はみんなの、私の、大好きな街なのだ。そして祖父と祖母の大好きな街なのである。

精一杯生きよう。そしてて学ぼう。これが今私にできる復興への第一歩である。

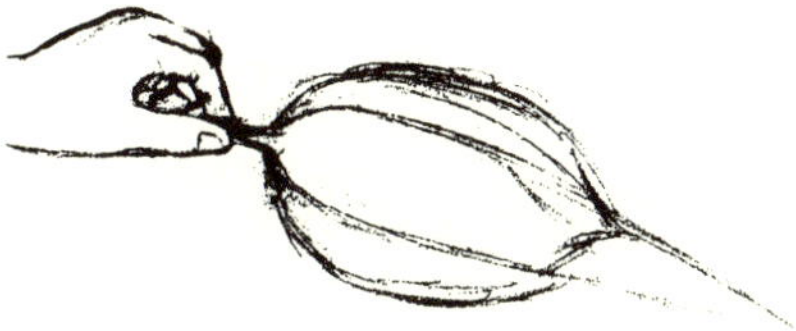

希望の言葉

聖ドミニコ学院高等学校（宮城県）一年
伊藤《いとう》　美季《みき》

三月十二日、本当なら私たちは卒業式で中学校三年間に別れを告げ、高校入学という新しい生活をスタートするはずだったのです。

三月十一日、「東日本大震災」という決して忘れられない、決して忘れてはいけない出来事がありました。震災当日私は、仙台《せんだい》駅前にあるデパートの三階にいました。友だち四人と買い物をしていた時、「ゴオーッ！」という地鳴りの音がしました。最初は小さな揺れでしたが、数秒後には立っていることができないほどの揺れになりました。私はその時、きっとここで終わると思いました。立つこともできない、まして歩くことなどできませんでした。私はしゃがみ込み、棚《たな》から落下してくる物から自分を守ることしかできませんでした。店の人が必死に

「店の外へ逃げて下さい！」

と叫んでいました。周りの人たちがどんどん逃げる中、私はあまりの恐怖で立ち上がることができませんでした。その時、

「私たちは生きているから」

と一人の友人が私の手を引っぱってくれ、まだ揺れが続いている中を、二人でただひたすら店内を走ったのを今でも鮮明に覚えています。電気は消え、天井の所々が落下していて、どこから出ているのかわからないような所から水がもれ出ていました。本当にただひたすら「非常口」と書いてある光に向かって走り続けました。走っている間、友人は私に何度も何度も

「生きているから」

と言ってくれました。その時友人が言ってくれた言葉を私は決して忘れることができません。

私たちが店の外に出て、外の様子を見た時、私は自分の目を疑いました。大きく揺れる建物、泣き叫ぶ人、家族を心配して携帯電話で電話する人、目の前に立ち上がる大きく黒い煙、鳴り響くサイレン。これが本当に現実なんだろうかと何度も思いました。

私たちはすぐに避難所でもある近くの中学校へ向かいました。停電のために信号は消えていて大混乱の状態の道路を、何度も

「すみません。通ります！」

と何度も叫びながら横断し、やっとの思いで避難先の中学校に着いた時、私は不安や安心、心配など色々な気持ちがごちゃ混ぜになり泣き出してしまいました。その時、友人がそっと私の肩を抱《だ》き、

「大丈夫。絶対に大丈夫だから頑張ろう」

と言ってくれました。

震災から四か月ほど経ちましたが、未だに行方不明の方や、自分たちの家を失ってしまった方など、被災地にはたくさんの悲しみや苦しみが残っています。一度壊れてしまったものは元通りにはならないし、傷ついてしまった人の心もすぐには治すことはできません。しかし、後ろばかりを見ていては何も変わらないと思います。だから今こそ、周りの人が困っている人に手を貸してあげる時だと私は思います。

震災にあったあの日、友人が言ってくれたあの言葉、

「生きているから」、「大丈夫」、「頑張ろう」。

たった一言でも人には救いの言葉になるのです。

今回の震災がとても苦しく悲しい出来事であることに変わりありません。しかし、そんな時だからこそ、人の言葉の大切さに私たちは気づき、希望の光を心に灯しながら、ゆっくりと一緒に歩んでいきたいと私は思っています。今はまだ難しいかもしれませんが、来年、再来年には、少しでも多くの人たちが元気になっていくことを心から願います。

同じ震災を体験した者同士だからこそわかる恐怖、被災した人たちの近くにいるからこそできることなど、私は今自分ができることから一生懸命頑張っていきたいと思います。

明日への一歩

宮城県農業高等学校一年
相澤《あいざわ》 和久《かずひさ》

私は将来、〝顔の見える農業〟を行い、地域の皆さんに「美味しい」と言ってもらえるような野菜や米を作っていくこと、そしてその野菜を食べてたくさんの笑顔が生まれるよう、農業に愛情を持って生産していくことが大きな夢です。夢への一歩として、私は宮城県農業高校に入りました。

私の家は、名取市《なとりし》で稲作約四ヘクタール、野菜七アール、ハウス四棟にわたり、約三十種類の野菜や果樹を栽培している兼業農家です。私は幼稚園のころから祖父や父と一緒に、つなぎ服を着て畑を耕したり、種まきをしたり、コンバインに乗って稲刈りをするなど、農業に時間を費やしてきました。鮮やかな緑に包まれた田園特有の風光は、まるで絵に描いたような輝きに満ちており、自然の恵みを至る所に感じることができる景観が、私は昔から好きでした。

しかし――平成二十三年三月十一日。マグニチュード九・〇。国内観測史上最大の地震は巨大な津波を引き起こし、各地の浜と街を飲み込みました。我が家の田んぼも今回の津波によってほとんどが流されてしまい、現在では米を作ることができません。また、名取市《なとりし》にある宮農《みやのう》校舎も、今回の津波によって、先輩方が育て上げた農業生産物をはじめ家畜や施設、畑など、全てが流され壊滅的な被害を受けました。宮農《みやのう》に入学したら、農業を基礎から勉強し、研究・実践《じっせん》しようと考えていた私にとって、この現実は受け入れがたい、とても悔《くや》しい出来事でした。

私が農業に対しておもしろいと思う気持ち、いつしか夢を抱《いだ》くようになったのは、父と祖父の影響を受けたからです。見よう見まねで始めた作物の栽培も、今では、自らの畑を持ち、土を耕し、収穫もできるようになりました。

ある時、名取岩沼農業協同組合主催の「二〇一〇ふるさと秋まつり」の広告を見た私は、早速、農産物品評会に自分が作った農産物を出展することに決めました。自分が育てている農作物の中から「今年は柚子《ゆず》で挑戦！」。そう決めた私は栽培にさらに力が入りました。

「愛情がなければ美味しい野菜や果物は育たないんだぞ」。祖父から教わったこの言葉を常に心に、精一杯柚子《ゆず》の栽培管理を行いました。

やがて収穫の時期を迎え、鮮やかな黄色い色をした柚子《ゆず》を手にした時は、自分が育ててきたのだという喜びと達成感、満足感でいっぱいでした。そんな柚子《ゆず》はとても爽《さわ》やかな香りを放ち、一度口にすれば酸味の中にも甘さが残る美味い柚子《ゆず》で、これまでの苦労を一掃してくれました。

品評会当日、私の柚子《ゆず》は、一般の部で銀賞を受賞することができました。真っ先に祖父に報告しました。祖父は満面の笑みを浮かべ「よがったなあ」と褒《ほ》めてくれました。その時、やはり「農業っておもしろい。もっともっと農業のことを知りたい！」心からそう思いました。

私は将来、無農薬栽培にさらに力を入れたいと考えています。環境との共生を考え、微生物が繁殖するよい土を作り、農薬を使わない健康な野菜を育てたいと考えています。

そして銀賞をいただいた柚子《ゆず》をはじめ、自分の野菜や米の産直販売などを通して、より多くの地域の方々に食べてもらいたいのです。いえ、全国どこへ出しても恥《は》ずかしくないような自慢《じまん》の野菜に育ててあげたいと思います。私が目指す〝顔の見える農業〟が、「美味しい」や「ありがとう」の笑顔を生み、農業の輪、地域の輪をさらに広げることができるきっかけになれば、これほどうれしいことはありません。

大震災発生から約三か月……。地域社会が受けた傷、人々の心に刻まれた痛みが容易に癒《い》えることはありません。それでも私たちは立ち止まっているわけにはいきません。一歩、また一歩。私たちは再生につながる長い道のりを共に手を携《たずさ》えて踏み出していかなければならないのです。

私の農業への気持ち、農業が好きだという気持ちが、今の自分の大きな原動力です。

私は農業が大好きです！

私にできること

宮城県農業高等学校一年
佐藤《さとう》　可奈子《かなこ》

春になれば桜が咲き、夏になれば木々の緑が青々ときれいで、秋になればいちょうやかえでの葉がきれいな黄色になり、冬になれば蔵王《ざおう》の山に雪景色が当たり前に毎年あると思っていました。私たちの周りにある自然は優しいものだと思っていました。しかし三月十一日の大地震、大津波によって自然がキバを向いて襲《おそ》ってくるのを初めて知りました。

人間にとってなぜ自然は大事なのでしょうか。考えてみたところ次のようなことがあげられました。たくさんの植物が育つということ、日本には四季があるということ、花が咲くと心が癒《いや》されるということ、などです。

たくさんの植物が育つということは、野菜が育ち、人間の食生活が豊かになるということなのです。それだけではありません。植物が育つとは、木々も育つことです。

木々が育てば山になり、山に雨が降れば川ができます。川には魚が増え、魚を食べに来る動物や木の実を食べる小動物などが集まりそれらをはぐくみます。植物の光合成作用により空気をきれいにすることもでき、植物の存在を改めて考えると、植物はすごいことしているんだなと私は思いました。

次に日本には四季があります。四季があることで人間は自然の変化を楽しみ、季節に合った服装に変えたり、四季を楽しんだりします。だが、最近は地球温暖化の影響で急激に温度が上がり、南極の氷山が溶けて海面が上昇したり、動植物の生息地が変化しています。現在では変化に対応できずに絶滅していく動植物が、約七分に一種のペースで絶滅しています。地球温暖化は私たち人間が使いすぎる電気や営利目的でされている森林伐採などが原因で起こっています。この問題を解決していくためには、小さなことではありますが「一人一人が気をつけて行動することが大事」だと思います。例えば、こまめに電気を消す、可能なものはリサイクルする、ゴミをなるべく出さないようにする。

植物が成長するといずれ花が咲き、花が咲くと心が癒《いや》されます。花は昔から香水の原料であったり、美容に使われたりしています。五感による癒《いや》しにも花は有効ですが、フラワーアレンジメントやいけ花は、見る人の心を癒《いや》すこともできます。

以上のことより、人は自然界を破壊するばかりではなく、自然を育て共存できる環境を作っていく必要があります。

人間が豊かで便利な生活を望むことにより、大量の電気が必要になります。それにより、原子力発電で電気をまかなわなければならなくなってしまいました。今回の津波により原子力発電が異常をきたすと環境に及ぼす影響が甚大《じんだい》で、非常に危険なものを使って便利な生活を人間は得ていたのだと初めて実感しました。

大震災の後、あちこちで長い間停電になりました。今でも沿岸部では依然、宮農《みやのう》という場所を含めて電気は通っていません。私の家も電気が使えなくて不便な思いをしました。ロウソクの灯りで不安な夜を過ごし、ストーブでご飯を作りました。いつもの生活を取り戻していない人たちのためにも私は、無駄《むだ》な電気は使わないなどのエコ活動を行っていきたいと思います。

最後に、これからの将来の人たちのために私たちの生活を見直し、決してぜいたくに慣れてはいけないこと、自然をありのままの姿で残すことが大事だと思います。今、自然のことで実際にやっていることは、環境に負荷をかけずに野菜を作り、田んぼで米を作り、海でノリやホタテ、ワカメを養殖するなどして、人間も自然のバランスを保とうとしています。これからも自然を人の手で守っていくべきだと私は思います。一人一人ができることがたくさんあるはずです。人間が絶滅する前に……。

東日本大震災

宮城県農業高等学校二年
荒川《あらかわ》　菜々美《ななみ》

今回の東日本大震災、三月十一日の日、私は普段通り部活をしていました。いつもの平和な日常が崩れることなんてないと思っていました。

二時四十六分、突然大きな地震が起こりました。パニックの中、先生たちの「B棟三階に非難しろ」との声。荷物をつかみ、たくさんの生徒がいっせいに三階へ駆け上がりました。不安を抱《かか》えたまま友だちと廊下へ座り、真っ先に海沿いに住む祖父母へ連絡。この状態ではやはりつながらず、それでもアンテナは立っていたので、母にSMSで無事というメールを送りました。巨大地震の恐怖から小さな地震でも震えが止まらず、友だちに抱《だ》きしめられた状態で、おさまるのを待ちました。しばらくしてから帰れるというのを聞き、もう大丈夫だと安心していましたが、教室の窓の外を見ている人のざわめき、「津波」という声。また、先生たちの指示で屋上へと駆け上がると、すでに津波は宮農《みやのう》の校舎を飲み込んでいました。恐怖と不安が押し寄せてきて、家族は？　愛犬は？　何より足元がおぼつかないじいちゃんばあちゃんは？　頭の中にはそれしかなく、大粒の涙があふれてきました。足がふらつき、支えられても、立ち上がるのもつらく、涙が止まりませんでした。

また津波が来るということで、女子は屋上のタンクのある場所に登り、海側を見ていました。寒さの中で雪も降ってきて、さらに、先ほどとは比べものにならないくらいの大きな波が見えました。私は、「もうダメだ」そう思いました。けれど、その波は少しずつ引いていき、大丈夫というのがわかり、少し安心しつつまた三階へと降りていきました。その日は学校に泊まることになり、たびたび来る大きな地震に震えながら、あまり眠ることもなく夜が明けました。朝は先生方が作ってくれたおかゆを食べて少しほっとしました。少ししてから学校を出ることになり、泥だらけになりながら、だてもん市場に着き、帰れる人は帰ることになりましたが、私は帰れず、下増田《しもますだ》小学校に行くことに。体育館に着いてからも不安でいっぱいでした。

少し薄暗くなってきた時に、名前を呼ばれ、母と姉が迎えに来てくれました。家族が無事と聞き、そしてさらにあきらめていた愛犬も生きているというので安心し、また、泣いてしまいました。

　何日かして、ようやくアンテナが立ち、皆と連絡を取ることができましたが、その時点で祖父母の安否がまだわからず、生きていると信じながら過ごし、毎日遺体安置所にも通っていました。毎日行くのは精神的につらく、でも早く会いたかったので、必死で探しました。それから一週間くらいしてから、祖母が遺体で見つかりました。身元を確認するものがまったくなく、祖母自慢《じまん》の茶髪も焼けていたのですが、顔を見てすぐにわかりました。また、何週間か経って祖父も見つかり、二人がやっと再会しました。大好きな二人が一度に亡くなり、心に穴が開いたようになり、今でも、思い出すと涙が止まらなくなります。

　震災後、私の家、そして祖父母の家を見に行きましたが、私の家は一階が二メートルほど水に浸かっただけで二階はなんともなく大丈夫でした。ただ、生まれた時から住んでいた地元はまるで何もなく、祖父母の家も土台のみで何も残っていませんでした。

　地元が一気に津波により奪われ、大好きな人たちさえも失い、今回の東日本大震災では、失ったものが多すぎて、実感が未だわきません。

宮農《みやのう》の校舎で卒業することもできず、今まで作ってきたものもなくなり悲しさでいっぱいです。

私は、今回の震災で決して津波を甘く見てはいけないことを学びました。いずれ来る宮城県沖地震では、今回のような悲しいことが起こらないよう、精一杯生きていきたいです。

馬たちとのお別れ

宮城県農業高等学校二年
小野寺《おのでら》 葵《あおい》

三月十一日、私はあの東日本大震災で多くの動物や人とお別れしました。

あの日私は、乗馬の練習をしに、野蒜《のびる》にある奥松島《おくまつしま》乗馬クラブへ行きました。その日は、いつも通りに馬の世話をして、午前と午後に一頭ずつ乗りました。お昼を食べ、C級ライセンス取得のための馬場乗馬コースを教えてもらい、午後にサトシという馬に乗りました。いつもなら三時ころまで乗るのですが、その日、雪が強かったので二時過ぎに終了しました。

サトシの手入れをして、足をふこうとタオルを取りに行った時、地震にあいました。私は、初めて立っていられないほどの揺れを体験しました。その後、馬の足を素早くふき、サトシを馬房《ばぼう》に入れました。サトシや他の馬もおどおどしていて、落ち着きがありませんでした。その数分後、緊急放送が鳴り、大津波警報が発令され、避難指示が出ました。しかし、乗馬クラブの先生やおばちゃんは、ここまで津波は来ないと言い、数十分乗馬クラブにいました。その時は、津波が迫っているとは、クラブにいた私たち三人は思いませんでした。馬にエサをあげ、車に乗り、一度野蒜《のびる》駅に向かいました。しかし、駅には誰もおらず、駅員さんが「震度七を観測し、津波の恐れがあります」と言いました。駅員さんもこれから避難所である野蒜《のびる》小学校に向かうところでした。私たちはその前に、先生たちの家がある東名《とうな》に向かいました。途中、野蒜《のびる》小へ行く道を見ましたが、すごく混んでいました。

　東名《とうな》の橋を渡ろうとした時、対向車の人に「そっちは行かないほうがよい」と言われましたが、まさか津波が目前まで来ているとは思いませんでした。

　橋を渡り十字路に向かったその時、ぼこぼこと黒い水がふいていました。皆、水道管が破裂したと思いました。しかし、一瞬で水はブロック塀《べい》を越える高さになりました。車もあっという間に流されました。その時、私は、ここで終わってしまうと思いました。外は、家が流れ黒い水が一面を覆っていました。車の中は、どんどん水が入り、助手席はひざ下まで水に浸かっている状態でした。どこへ流されるかもわからず、私には死の恐怖しかありませんでした。口を切れるほどかみしめ、死にたくないと言っていました。先生は、私の頭をなで、大丈夫、死なないからと言いました。その時、私はここで死んでたまるかと思いました。

流れ着いたところは水門の近くで、もともとは道だった部分が陥没《かんぼつ》していたところでした。瓦礫《がれき》にはさまり車は沈《しず》まないようになりました。その瓦礫《がれき》の上を歩き大きな東名《とうな》の水門で一晩過ごしました。私の他にも十人くらい避難していました。ラジオでは、宮農《みやのう》が孤立しているとか七郷《しちごう》のすぐ近くの荒浜《あらはま》で二百人くらいの死体が出たなど聞き、家は大丈夫かと思いました。

震災二日目、水門から避難所を転々と移りました。浅井《あさい》という所からお寺へと移りました。お寺では、震災当日、午後に乗った馬であるサトシの馬主さん一家に会いました。その家では、私もお世話になったおじいさんと、おばあさんが亡くなりました。その後、お寺から公会堂に移りました。しかし、仙台《せんだい》から来たのは私だけで、一人孤立していました。しかし震災三日目からは小学生の子と友だちになりました。四日目、私は名取《なとり》から来た人に仙台《せんだい》まで送ってもらいました。その人は、ベルサイドシーファームという乗馬クラブの人でした。聞くところ馬は一～二頭生き残り、クレイン海岸公園では、十数頭生き残ったらしいです。後日、宮農《みやのう》馬術部の馬たちの二頭アイディアルとロイスは未だに行方不明、ナデシコという一頭の馬は逃げましたが足を骨折し、安楽死になり、ほとんど全滅です。私が通っていた奥松島《おくまつしま》乗馬クラブの馬たちもほとんど全滅らしいです。私は同級生も二人亡くしました。

私は、震災で色々なものを失い、環境も変わりましたが、新しい環境でも頑張ろうと思いました。

地震を通して

宮城県農業高等学校二年
小林《こばやし》　拳也《けんや》

私は今回の東日本大震災を通して大変な思いをしましたが、それと同時に食べ物のありがたみを知ることになりました。

地震発生、二、三日後などには食料の入手が困難になり、朝早くにスーパーなどに並んで、少ししか手に入らない食べ物を取り合っていました。そんな時に役に立ったのが保存性の高い漬物や加工食品が目立ちました。肉や魚などとは違い、長い間保存が効くので、ガスや電気が使えない時に調理せずにそのまま食べられるので、とても役に立っていました。

私はそんな漬物や加工食品が自分で作ったものではなくても、それに関わっていることについて学んでいるのだと思うと、こういう状況に役に立てるものを作っている食品化学というものに、とても誇りを感じました。そう思うと、これからももっと学んでいこうという気持ちになりましたし、大地震がもしまた起きたらその時に人に役に立てるものを作れるのだと思い、新たな希望が生まれてきたような感じがしました。ですから、自分は今自分が学ばなければならないことを学び、将来役立たせていきたいです。

しかし、私たち、宮城県農業高等学校がこういう状況になってしまったのを見て、今まで頑張って作ってきた、味噌《みそ》や醤油《しょうゆ》が全てだめになってしまったと思うと、すぐには立ち直れないままでした。この食品化学科に入り最初から全てやってきたことが一日にしてなくなってしまうのは、目標を失うことでした。人の命からしてみれば、たかがかもしれませんが、私たちにはそれなりの思い入れがあったので、やはりショックの色は隠せなかったです。他にも宮農《みやのう》の牛や豚といった動物たちや、もう耕し終わりこれから種をまいて収穫するはずだった畑や野菜もなくなってしまい、宮農《みやのう》としての目標がなくなってしまったと思いました。

しかし、他校の力も借り、授業設備が整ってきましたので、また新しい宮農《みやのう》で頑張れるのだと思いました。皆三校に分かれてしまい、まだまだ実習などまともにできないかもしれませんが、宮農《みやのう》の再建に向けて目標を持っていきたいと思います。また始めることは全てやり直しですが、新しい一年生も入ってきて、新二年生としてやるべきことをやっていきたいです。

そして、これから部活や生活面において二年生ということを自覚しながら、一年生の手本になれるように努力し、将来のためにも勉学に励んでいきたいです。部活でも後輩が入ってくるということなので、先輩としての優しさや厳しさを教えていきながら、バレーボールチームとしての力の底上げをしていきたいと思っています。

ピンチをチャンスに、そして日本一のバラを

宮城県農業高等学校三年
佐藤《さとう》　禎俊《さだとし》

三月十一日、東日本大震災が発生しました。我が家もめちゃくちゃになり、電気も水道も使用できなくなりましたが、幸い家族は全員無事でした。

ラジオで入ってくるのは津波の悲惨《ひさん》な状況と余震の情報でした。その日の夜、宮農《みやのう》にいた人たちは、三階に避難し全員無事だというニュースを聞きほっとしました。

我が家は「耕伸」という会社で農業経営を行っています。バラ栽培が中心ですが多大な被害を受けました。電気・水道が使えなくなったのでハウス内のカーテンも閉められず、暖房もできず、養液栽培用の肥料や水も与えることができませんでした。父が「これ以上、水をやらないと株からダメになる」と言って、地震から三日後、水が半分ほどなくなってしまった水槽《すいそう》から水をくんで肥料を作り、出勤できる人たちみんなで灌水《かんすい》しました。

これで何とかなると安心した矢先、三月十八日の朝、ハウス内の温度がマイナス三度になりました。千八百坪《つぼ》のバラが全て凍ってしまったのです。

もう少しで咲きそうなバラも小さい芽も、皆枯れたようになり、花もつぼみも茶色に変色していました。三月は高値をつけるので、この時期に出荷を合わせるために、冬の間暖房をかけ、丹精込めて育てたバラです。父は悔《くや》しそうに「もう少し早く電気が来てこの寒さが来なければ何とかなったのに」と話していました。この状態だと六月まで出荷できないだろうということでした。

東京の市場からは「待っていますから頑張って下さい」と温かい言葉をもらいました。

父は私たちに「なってしまったのは仕方ねー。これからのことを考えないと」と言い、社員全員に出勤してもらう連絡をし、ようやくバラのハウスは動き始めました。ハウスの地中には、肥料や地下暖房用のパイプが数多く埋めてあります。それが至る所で折れていて、掘っては直し、水が吹いたら直し、その繰り返しを何日も手伝いました。ハウスには三万六千本のバラがポットに植えてあるので、株の負担を和らげるためにホースで肥料と水を一つ一つかけました。凍ったバラは、切って新しい芽が出るのを待ちます。大変キツイ仕事でしたが、これをしたのと、しないのではまったく違うそうです。

柔道で鍛《きた》えている腕が、終わるころには棒のようになりました。父がいつも口にしている「市場にも花屋さんにも、そして消費者にも、よいバラだと言ってもらえるものを作っていかないとダメなんだ」、「東京で一番の高値をつければ日本一と同じだし、全国で何本かの指に入る生産者になれる」。簡単そうで大変なことだと感じました。

震災以来バラは一本も出荷しておらず、ついに農業新聞の市況から宮城の文字が消えてしまいました。

一か月半後、みんなで手をかけて頑張って育ててきたバラは、予想以上の気温の上昇に伴い、少しずつ出荷できるようになりました。東京への出荷も五月の連休明けから再開できました。

会社では、仙台《せんだい》・福島・東京の三か所の市場に出荷しています。しかし原発の影響や東京の計画停電もふまえて、父は初めて関西の市場に出荷をすることを決めました。我が家のバラは、北海道の市場にも転送されています。関西の市場は九州にも行くそうです。ついに我が家のバラは、北海道から九州までの人たちに買ってもらえることになります。関西でも宮城のバラを高く評価してもらえるように今、必死に頑張っています。

「手をかければ必ずよいものが作れる」、「何でもいいではダメ」。父の口癖《くちぐせ》です。

バラは同じ作業を繰り返し行うことも多く、その日の天候や温度、湿度での細かい気配りも必要です。私には、まだまだわからないことが、たくさんあります。将来は進学し知識や技術を深め、父の跡を継ごうと考えています。父が一から始めたバラを受け継ぎ、現在のハウスを三千坪《つぼ》にまで増設し品種も増やし、少量多品種の市場にも対応したいと考えています。「品質のよい」「皆に笑顔になってもらえる」そして「日本一」のバラを作り、全国に届けます。

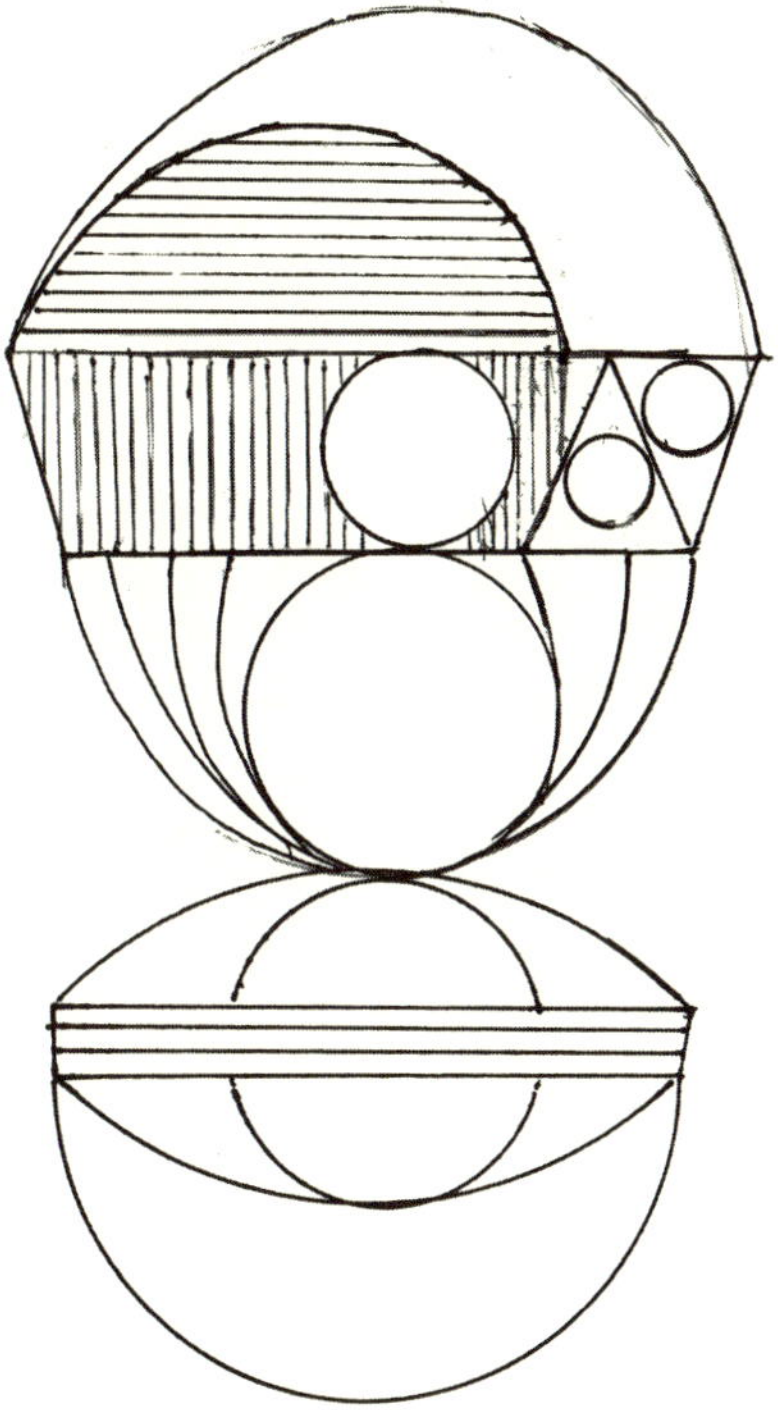

目標はぶれない

今泉女子専門学校高等課程（福島県）三年
菅野《かんの》 みずき

和裁は、授業の中で一番好きな教科だ。着る人に合わせ、心を込めて縫い、完成した時の喜びは格別で、入学以来ずっと楽しく作品作りをしてきた。

将来は、和服に携《たずさ》わる仕事をしたいと考えている。

三月十一日、地震に見舞われたのは、和裁の授業中で、まもなく終業のオルゴールが鳴ろうとしていた。私は前から楽しみにしていた次の日（土曜日）のお出かけのことを考えていた時だった。

突然、ポケットに入れていたケイタイが震えた。迷惑《めいわく》メールのバイブとはどこか違う。確かめるためにポケットからケイタイを取りだそうとした瞬間、教室の戸や机が大きく揺れ、クラスは騒然《そうぜん》となった。

以前、担任の先生から「非常時の時は、二階建ての校舎の方へ何も持たずに避難するように」と指導を受けていたので、私たちは二階の調理室に駆け込んだ。

それから先のことは、まったく私の記憶から抜けている。友だちからの話をまとめてみると、食器戸棚《しょっきとだな》のガラス戸の中からお皿がたくさん飛び出してすごい音で割れ、天井からは水が流れてきて恐ろしかったが、みんなで固まってじっと耐え、それから一階へ移動して外へ避難したそうだ。

私の記憶は、そのあたりからはっきりしている。私の目からとめどもなく涙が流れていた。

無事避難したとはいえ、余震が続き恐怖心は消えなかった。

さっきまで友だちとおしゃべりをしていたのに、明日のお出かけを楽しみにしていたのに、いつも通りでないことが、前ぶれもなく起こってしまった。

こんな恐ろしい経験をしたことはない。これから何が起きるかわからないことも不安で、このまま何もかも、ダメになってしまうのではないかと考えてしまい、立っているのもやっとだった。

全員無事を確認し、それぞれ帰宅することになった。

家へ帰る途中、ふと気がついた。持ち物はケイタイだけだということに。

登下校時に履《は》いていたローファーも、いつも持ち歩いていたカバンも、そして何よりも大事にしていた二部式着物を作る反物《たんもの》も教室に置いたままだった。また不安が心の中に広がり始めた。

あんなに仕上げるのを楽しみにしていた水色の反物《たんもの》……。

校舎の復旧工事が一段落するまで、学校近くの大きなビルの部屋を借りて週一回のスクーリングが始まった。毎日学校へ通い楽しく過ごしていたのが、家で一人になる時間が多くなり、自分の将来の事を考えるようになった。どうすることもできない絶望感の極限まで行ったので、今何をすべきか何をしたいか、はっきりとわかった。

自分には、ぶれない目標がある幸せを実感した。「和裁が大好き」という気持ちが、この地震でさらに大きくなった気がする。

私は三年生。卒業後の進路ははっきり決めている。和裁をさらに勉強するために進学することを。

校舎も工事が進み、勉強も教室でできるようになり、また楽しい授業が再開した。やっぱり学校はいい、と心から感じた。

あんなに心配していた着物地も、無事手元に戻り安心した。

きれいに仕上げて大切に大切に保管し、将来どんなことがあっても、この着物を見て、大地震で乗り越えた強い気持ちを思い出し、自分の選んだ道をしっかり歩んでいきたい。

震災を乗り越えて

今泉女子専門学校高等課程（福島県）三年
村田《むらた》　夏美《なつみ》

三月十一日午後二時四十六分に発生した東日本大震災で、私はかつて経験したことのない命の危険を感じた。

これは私だけでなく日本国民の多くが感じたことではないだろうか。

この地震で死者は約一万五千五百名、行方不明者は五千名を超え、一瞬のうちに命を絶たれ、もう三か月も経つのに家族の元へ帰れずにいるとは、何とも悲しすぎる。

私が住んでいる福島県も、地震、津波、原発事故、風評被害と、有形、無形の被害を受けている。

地震にあったその日、私たちはいつも通り学校にいた。休憩《きゅうけい》時間で、友だちと春休みの計画など楽しいおしゃべりをしていた時だった。携帯の警報がけたたましく鳴ったが、誤報だろうと思った。その時、立つこともままならない大きな揺れが、これでもか、これでもかと続いた。大きな揺れが止まった時、天井が落ちそうな中を必死で外へ避難した。

それまで晴れていた空は一変して吹雪になり、身体の震えは止まらない。しかし、意外なことに私は現状を冷静に理解することができた。道路は渋滞し、通りの店は停電で真っ暗。ようやく家へたどり着いたら、自宅は家具や物が倒れ、足の踏み場がないほどひどい状態となっていた。家族の無事な顔を見て涙がこぼれた。

春休みの間、避難所のボランティア活動に参加した。私が行った避難所は、ほとんど原発事故による避難で、いつ自宅に戻れるか、これからの仕事はどうするかなど、先の見通しがつかない人たちばかりだった。そのもどかしさや不安感を軽々しくは語れないだろうと想像しながら、お世話をするのが精一杯だった。

被災地の未来は、まだまだ薄暗く問題が山積している。しかし、三月十一日以降私の価値観は大きく変わった。今までの当たり前がそうではないと思い知らされたのだ。明日は今日と同じに約束されたものではなく、友だちや家族と笑い合える毎日がどんなに価値があり幸せなことか。

これから大切にしなければならないことも見えてきた。

私の学校は服飾の専門校で、毎年卒業生は全員でファッションショーを盛大に行っている。今年、私は高等課程卒業なので、今からその日のことを考えている。特に今年は私たちが苦境を乗り越え、ここまでできたという証の作品発表となる。これまで支えて下さった多くの方々に御覧いただき、感謝の気持ちが伝わるファッションショーにしたい。

私は三年近く服飾の勉強をしてきて、毎日がとても充実していたと思う。

その中で、和裁は勉強すればするほどその魅力に引きつけられるので、卒業後はプロフェッショナル科のきものコースへの進学を決めている。

将来目指す職業は、舞台衣裳《ぶたいいしょう》デザイナーで、役柄にぴったりの衣裳《いしょう》を考案する職業である。演目による時代考証、演出家の意図するイメージ、着脱の仕易さ、役者を引き立てる色や柄など、たくさんの条件が満たされて初めて認められる厳しい側面もある。

厳しい反面、それだけやりがいのある仕事であるし、私が望む職業なので夢で終わらせたくない。

卒業ファッションショーを必ず成功させ、前へ踏み出す一歩となるよう、精一杯頑張りたい。そして、一生の仕事となる舞《ぶ》台《たい》衣《い》裳《しょう》デザイナーを目指して広く、深く、勉強し、夢を実現させたい。

世界と生きる国連職員になる

福島県立郡山高等学校一年
増子《ましこ》　光希《みき》

私は福島で東日本大震災を体験した。そして、今なお続く放射能汚染に不安を感じてはいるものの、人々の温かい励ましを心の栄養にして福島で頑張って生きている。先日、途上国のスラム街の人々が私たちのために募金する光景をテレビで見て、私は涙があふれてきた。これは日本が今まで世界のために様々な国際協力を実行してきたことが評価され、それが感謝の行動として表れたのだと思った。そして世界と日本との絆を強く感じた。私の高校にもマレーシアから心温まるメッセージが届けられた。実際にこのような体験をして初めて、私は激励が勇気や元気を与えてくれることを実感した。そして、私は世界の人々の幸福を手助けする仕事に就きたいと改めて思った。

私の夢は国連職員になることだ。貧困や差別で劣悪な環境にいる子どもたちを救い、女性の地位向上を図り、全ての人々が未来に希望と夢を持つ社会を実現させたい。この夢を持つきっかけとなったのは米国にある国連本部を訪問し国連の様々な活動を知ったからである。

活動の一つに、国連ミレニアム開発目標がある。だが各国の政策の違いなのか未だ達成できていない。世界最高機関の国連が目標を達成できなくては、貧困にあえぐ人々を助けることはできないと私は思った。そしてその活動に携《たずさ》わる日本人国連職員が極端に少ないことを知り、日本が国際貢献する人材を輩出《はいしゅつ》していない事実に、日本人として失望感を味わった。そして私が国連職員になって世界の人々を助けたいと思った。しかし、国連職員になるためには大変な努力が必要なことも知った。

国連職員には高度な専門性と語学力が求められる。大学院の修士や博士の資格を有し、グローバルな視野や専門的な知識を持ち社会で活躍していく必要がある。そして複数の語学に堪能《たんのう》で、その言語を駆使《くし》し世界の人々と対等に意見や議論を戦わせなくてはならない。シャイな気質で言語習得が不得意な傾向にある日本人には難しいと感じた。また、国連職員は期限つき契約雇用のため、将来が不安定な職業である。そういった雇用基準が日本人には受け入れにくい点もあり、職員の増加に至っていないと考えられる。しかし、私は国連職員になることをあきらめない。

今回の震災で私は日本人の秩序ある行動や絆を持って前進する行動に深く感動した。私の地域でも、いつまでも落胆し嘆いてばかりいられないと、市民が土壌の放射能除去をするために〝菜の花プロジェクト〟を立ち上げ、放射能に負けず郷土の自然を取り戻す活動を、懸命に行っている。支援を待つばかりでなく、みんなで知恵を出し合い現状を改善させる工夫をする、このような精神は世界に誇れるのではないだろうか。

私はこの日本人の、いかなる時も「協力」する姿勢を途上国や紛争国の人々に身をもって示し、彼らを勇気づけ、彼らと希望ある国作りを一緒に推進していきたいと考えている。ユネスコ憲章前文には、「戦争は人の心の中で生まれるものであるから、人の心の中に平和のとりでを築かなければならない」と記されている。私は〝日本人の協力する精神〟を世界の人々の心に広げ、平和のとりでを築く手助けをしたい。

私は今、夢実現のために英語科で英語を中心に勉学に励んでいる。国連職員になるための必須条件である世界の人々とのコミュニケーションツールを、より早く上達させることで国際社会に旅立つ心構えができると思っている。そして、私は必ず夢を叶え国連職員として紛争国に赴《おもむ》き〝日本人の協力する精神〟を広める活動を実践《じっせん》したい。しかし、そこには様々な困難が待ち受けていることだろう。けれど、今回の震災で多くの人の善意に救われた自分を思い出し、その国の人々と、その国に合った最良の「協力」方法を一緒に考え、希望を持って、みんなと頑張る自分がいると信じている。そして、「みんなが幸福になり、平和で未来に希望が持てる国になった」と人々と喜び合い、談笑している自分が必ずいると信じている。

夢とともに恩返し

福島県立福島東高等学校三年
今野《こんの》　紗緒里《さおり》

「今日のメニューもつらいね」

「だよねー。でも頑張ろうね」

そう声をかけ合い、今日の練習が始まろうとした時だった。

「えっ？　何か揺れてない？」

ものすごい勢いで地面が揺れ始め、競技場のアンテナが傾きながら揺れている。

「キャー！」

「皆、危険じゃない場所へ！」

部長の言葉とともに涙を流しながら仲間に手を引かれ、建物が崩れても安心な場所へ移動した。

三月十一日、午後二時四十六分。それが私の一番好きな場所が、一生忘れることのない恐怖の場所へ変わった瞬間だった。

東日本大震災。東北地方を中心とするマグニチュード九・〇の大地震。生まれて初めて大地震を経験した怖さは、今でも私の身体に刻み込まれている。テレビの映像で見た津波も、電話が使えず大切な人に連絡できない怖さも、私は一生忘れない。忘れてはいけないのだ。

私の夢は小学校のころから変わっていない。それは、小学校の教師になること。私を人として成長させてくれた先生にあこがれを持って、絶対に叶えようと決めた。それに、私が「陸上」と出合えたのも小学校でお世話になった先生のおかげだった。

私が陸上と出合い、走り続けて十年目になった。決して充実しているとは言えない。けがで苦しんだ時間も、思うような走りができず悩んだ時期もあった。でも走り続けたことに後悔はない。たくさんの人と出会い、支えてもらい成長してきた日々は「幸せ」そのものだった。それがあの日、恐怖に変わってしまった。自分が一番好きで、走りこんできた競技場で被災したのだ。被災して一週間半、まったく走れる環境ではなかった。建物が崩れ、水道も止まってしまっていた。何より、福島市は福島第一原発の影響で放射能に汚染されてしまったのだ。

私はもう走れないかもしれないと思った。大会への参加も、高校生活最後の年なのに、結果を残せないと思った。しかし、身体は走り出していた。走れなかった分の遅れを取り戻そうと。頭で考えるより身体が動いていたのだ。私はまだ走っていたかったのだ。

体力を元に戻し、私は競技場でまた走り始めた。競技場で会った人たちはこう声をかけてくれる。

「一緒に頑張ろう」

ささいな一声だが、この言葉に救われ、支えられて走り続けている。

今、私は自分の人生の岐路《きろ》に立っている。受験を控《ひか》え、どの大学に進学をするか考えているところだ。私の夢は小学校の教師になることだが、今回の震災で夢が膨《ふく》らんだ。「放射能が高いから走るなって言ってもどうせ聞かないんだから、後悔しないように走りなさい」

私には、そう言って、走ることを許してくれた両親がいた。

「そんなに泣いて、悔《くや》しい思いをしたなら、もう少し走り続けなさい。絶対、紗緒里は後悔しないから」

そう言って、私を陸上の世界に戻してくれた中学校の恩師がいた。

「胸張って、精一杯自分の走りをして来い」

そう背中を押してくれた顧問の先生がいた。

私は、自分を支えてくれた人に恩返しはできたのだろうか。

私は震災を体験した者として、次の世代の子どもたちに伝える義務があると思っている。どれだけ大切なものが自分のそばに、当たり前のようにあるのか。私は伝えたい。そして、支えてくれた人に恩返しをするために、私が小学校で陸上を教えたい。

私の教え子が将来、中学校の恩師の下で、高校の顧問の先生の下で、少しでも陸上を学んでもらいたい。私が一つの架け橋になりたいのだ。それだけではまだ足りないが、まずは一歩として夢を叶えることから始めてみようと思う。

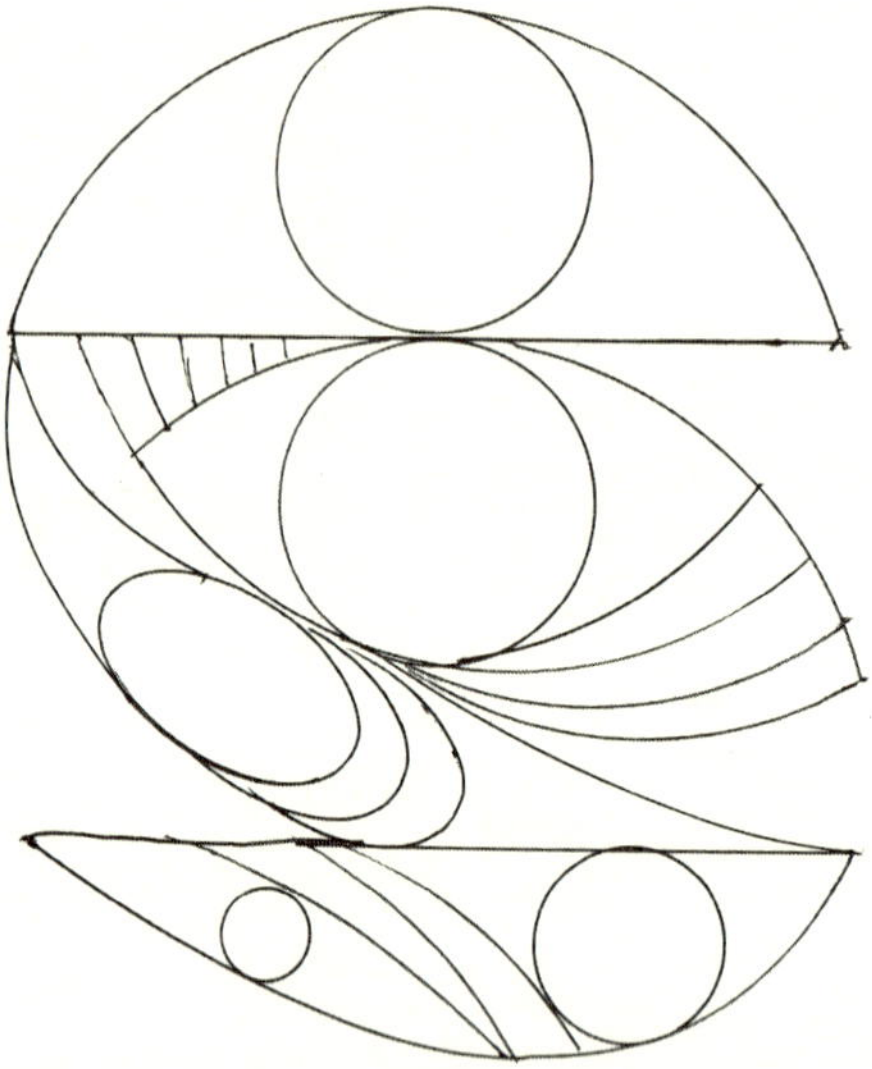

自分で作る夢

福島県立双葉高等学校一年
石塚《いしづか》　真友《まゆ》

私は絵を描くのが好きだ。だから漫画家になりたい。非現実的だと言われればそうだとしか言えないが、私は漫画を描くことが何よりも好きなのだ。今回東日本大震災にあったことで、その想いはさらに増した。

私が漫画を描くようになったのは中学二年生の時。友だちに誘われたからやってみようと思い始めた。小さいころは同じような絵を描くなんて無理だと思っていたが、描いていくうちにオリジナルの話も考えられるようになり漫画を描くことが日課になった。しかし、その友だちと考え方の違いにより結局一人で漫画を描くことにした。最初のうちは順調に話も考えられ思いっきり描くことができた。しかし、学年が上がるにつれて勉強時間が増え、絵を描く時間が減っていった。受験が近くなると勉強しなければならないというプレッシャーから、漫画が考えられなくなったり、勉強しろと母に漫画の道具を捨てられたりもした。ショックもあったが怒りの方が上回っており、私は漫画をあきらめなかった。しかし現実はそんなに甘くはなく、勉強や塾で自分の時間が失われていった。そこで私も漫画家の道をあきらめれば楽だったのだが、決断力がないため勉強も漫画も本気で取り組めない日が続いた。受験は何とか終わり、時間の余裕ができた。合格発表の前だったが合格していると信じ、漫画を描こうと思った。その矢先この震災にあった。

震災にあった日は卒業式終了後の二時四十六分だった。その時私は家の中にいて、テレビを見ていた。かつて体験したことのない揺れが襲《おそ》ってきた。車は車庫を突き破り、皿は砕《くだ》け、まともに立つことすらできなかった。家の時計はあの日から止まったまま、二時四十六分をさしている。地震が止み余震が続いている中、私たちは部屋の掃除をした。津波が来ていると知らずに。

被災して初めての朝、サイレンが悲鳴のように鳴り響いていた。お母さんたちが荷物を準備しているのを見て、危険なことが起こっていると察した。案の定、原子力発電所が爆発して逃げなければならなかった。最初は避難所を転々と回り、放射線から逃れるため山形に行った。山形の避難所はとても広く、机やいすもあった。私は家から持ってきた紙に絵を描くことにした。しかし、被災のショックからか何を描けばいいのかわからなかった。津波に飲み込まれた伯母《おば》たちは大丈夫だろうか、友だちはどこへ行ったのか、絵を描く時は忘れようと思っても、頭のどこかではずっと考えてしまって、まったく描けなかった。描くことをあきらめた私は、自暴自棄《じぼうじき》な生活をした。何をしても震災のことが頭から離れない。気分を変えようと避難所にあった漫画を読むことにした。ページをめくっているうちに、あるページにたどり着いた。そのページは、漫画家志望者が自分で描いた漫画を投稿し、賞をねらうというものだった。そこで私は思った。被災してるからって何？　むしろ被災しているからこそ他の人に負けないように努力しなければいけないのではないかということを。私は残り少ないお金で漫画の道具を買い直した。母には無駄遣《むだづか》いと言われたが迷いはなかった。絶対漫画家になってやるという決意を胸に私は漫画を描いた。たとえこの作品が入賞しなくても、私の作品を読んで一人でも元気になればいいと思う。自分の時間が失われても、こんな大震災にあっても、漫画を描くことはやめない。

夢は消さない。

私の夢

福島県立双葉高等学校一年
長田《おさだ》　麻理《まり》

　誰もが必ずと言ってもいいほど子どものころに見るもの。それは、アニメ、漫画。あのころは、ただ何となく見ていた世界。あるいは無邪気にマネをしていた遊びの世界。いわば架空の世界なのである。

　アニメや漫画を見たりすることは、現実逃避に値するのか。確かに二次元の世界ではありえない現象が起こりすぎているものもある。しかし現実の世界でも共感できる話や現象もある。だから私はアニメや漫画を現実逃避だとは思わない。

　漫画は、感動と笑いが入り混じっている青春ストーリーなのである。私はそんな漫画に命を吹き込んでみたい。絵だけでなく、字が読めない小さな子どもにもこの感動が伝わるように、おもしろさが伝わるように、そして、子どもたちが明るく楽しくなるように。絵を言葉で表現してみたいのである。

私がそんな声優になりたいと思い始めたのは、それほど昔のことではない。もともとのあこがれではあったが自分には向いていないとあきらめていた。しかしある時に、周りの友だちから声が高いとか特徴的だと言われたのだ。それまで自分は自分自身声が低いと思っていたので驚いた。この時私は、ならば自分を活かしたことがやりたいと思った。どうせなら自分にしかできないことをやってやろう。人と同じは嫌だ。そして人を楽しませたいと思ったのである。

私は今、福島に住んでいる。そしてその福島は震度六強という災害にあった。まさに架空の世界で起こるようなことが現実に起こってしまったのだ。地震がもたらした影響のため私たちは避難せざるを得なかったのだ。避難してみたものの、避難所での大人たちは暗く、先の心配ばかりしていた。そんな時に、周りの子どもたちだけがアニメで見る主人公のマネや漫画の絵などを書いて楽しく遊んでいた。大人たちが暗い中、子どもたちがまた好きなアニメや漫画を見れるようになるのを楽しみに前向きに過ごしていたのだ。その一方で、避難所に漫画やおもちゃを贈るなど子どもたちへの支援が行われていたのだ。

私も実際、幼いころからアニメや漫画を見ていた。そんな世界が好きだった。あのころは、とても単純でワンパターンだった話でも好きだった。しかし、今でもアニメや漫画が好きな気持ちは変わらない。変わったものは自分の好むジャンルなのだ。今は幼いころとは違いミステリーや事件、推理するもの、アドベンチャーな話、友情、恋愛ストーリーなどを好むようになったのだ。けれど、こんな自分好みの話があって、それを今でも楽しく見ることができるという幸せがあるのはなぜか。それは、自分と同じような考えを持つ人がいて実行しているからだ。

遊びには色々な遊びがある。しかし、楽しいことはみんな同じなのである。この避難生活の中で、子どもたちに元気を与えてくれたものがある。私はそんな子どもたちに夢や希望、楽しみ、遊び、感動を伝える声優になりたい。そして、つい子どもたちがマネしたくなるようなアニメを作り上げたいと思う。

また、絵を立体化するにはたくさんの人が必要でたくさんの人が同じ思いでつながっている。何かを完成させるためには、協力すること、信じること、わかり合うことが大切だ。ならば自分も自分と同じ考えを持つ人と出会いたい。いや、自分自身で信じ合える仲間を作りたい。自分も人を元気にする人の一員になりたい。そして、自分自身も声優を楽しみ、誇りに思いたい。そんな見る人も作る人も全員が楽しめるそん

郵便はがき

料金受取人払郵便

牛込支店承認

1036

差出有効期間
平成25年5月
31日まで有効
(切手をはらずに
お出しください)

162-8790

東京都新宿区市谷台町
四番一五号

株式会社小峰書店
愛読者係

ご愛読者カード 今後の出版企画の参考にいたしたく存じます。ご記入の上ご投函くださいますようお願いいたします。

今後，小峰書店ならびに著者から各種ご案内やアンケートのお願いをお送りしてもよろしいでしょうか。ご承諾いただける方は，下の□に○をご記入ください。

□ 小峰書店ならびに著者からの案内を受け取ることを承諾します。

・ご住所　〒

・お名前　(　　歳) 男・女

・お子さまのお名前

・お電話番号

・メールアドレス（お持ちの方のみ）

ご愛読ありがとうございます。
あなたのご意見をお聞かせください。

)本のなまえ

)本を読んで、感じたことを教えてください。

)感想を広告等、書籍のPRに使わせていただいてもよろしいですか？

（実名で可・匿名で可・不可）

の本を何でお知りになりましたか。

書店　2. インターネット　3. 書評　4. 広告　5. 図書館

その他（　　　　　　　　　　　）

可にひかれてこの本をお求めになりましたか？（いくつでも）

テーマ　2. タイトル　3. 装丁　4. 著者　5. 帯　6. 内容

. 絵　8. 新聞などの情報　9. その他（　　　　　　　　　　　）

ヽ峰書店の総合図書目録をお持ちですか？（無料）

. 持っている　2. 持っていないので送ってほしい　3. いらない

戠業

. 学生　2. 会社員　3. 公務員　4. 自営業　5. 主婦

. その他（　　　　　　　　　　　）

ご協力ありがとうございました。

な世界を作り上げたい。

夢

福島県立双葉高等学校一年
竹原《たけはら》　健太郎《けんたろう》

あの日、「普通」ということがどれほど尊いものかということを、身をもって痛感させられた。

平成二十三年三月十一日、この日、私は中学校の卒業式だった。朝起きて学校へ行き、卒業式を行って先生方や生徒のみんなに見送られた。最高の一日になるはずだった。午後からは母方の祖父母の家に行ったり、夕食は家族みんなでどこかへ食べに行く予定だった。だが、午後二時四十六分、東日本大震災が発生した。この地震は、私が昼寝をしていた時に発生した。父の「健太郎、起きろ」という叫び声で両目を見開いた。そして、即座に立ち上がった。とてつもなく大きな「ゴロゴロゴロ……」という音がしていた。この音を聞いてから、今まで経験したことのない強い揺れが私を襲《おそ》った。「ダメだ。外に出ろ！」父が言った。私は父の言うがままに外へ裸足《はだし》のまま出て、なるべく家から離れようとした。その時、祖父母の家の窓から祖母の姿が目に入った。地震に恐れ、悲鳴をあげていた。私はすぐさま中へ入っていき、祖母を屋内から出そうと思い行動を起こした。しかし、祖母は腰が抜けていて立てる状態ではなかった。そのかわりに近くの棚《たな》を押さえたのだが、棚《たな》の上の物が全て落ちてしまった。それから父がまた「健太郎！　外に出ろ！」と言いながら祖母を助けに来た。私はその言葉の通りに外へ出ようと思った。だが、ここで生まれて初めてあるものを見た。地割れだ。足が止まった。この光景を目にするまでは、無意識に行動していたのだが、これを見て、目が覚めたのと同時に、ことの重大さを思い知った。あれから三か月たった今でも鮮明に覚えている。外へ出て、しばらくたつと地震はおさまった。その後家族みんなで妹の小学校へ避難した。小学校でテレビを見ていると、津波と火災の映像が放映されていた。また、校内放送では、「指定避難所は、北小と中学校です」という放送があった。その放送を聞き、人々はすぐさま移動を始めた。私たち家族は中学校へと向かった。

翌朝、放送で福島第一原発から放射能がもれ出した可能性があるとして、半径十キロ圏内の住民に避難指示が出されたと発表された。午前六時ころのことだった。私たちは家族全員で自宅に戻り、インスタント食品やお菓子、毛布などを一台の車に詰め込み、町外への避難を開始した。こんな形で故郷へ別れを告げることになると思ったことは、十五年間の人生の中で一度もなかった。

その日から、私は故郷へ戻っていない。連日、岩手や宮城などでは復興作業が進んでいると報道されている。時間が動いていることがはっきりとわかる。しかし、私の故郷がある警戒区域内では、三月十一日から時間が止まったままだ。復興の兆しなど地震から三か月たった今も見えやしない。

私は今、人生で最も過酷《かこく》な時期にいるのだと思う。しかし、私は幸せだともつくづく思う。なぜなら今、生きているからだ。そして、家族の誰一人として亡くなっておらず、なおかつ学校で勉強することができているからだ。この東日本大震災で、家族や友人などを亡くしてしまったうえで、これからを生きていかなくてはならない人、そして、不幸にして亡くなられてしまった人々からすれば、自分はどれほど幸せなのだろう。何倍もの幸せを手にしているのだと思う。

また、こうも考える。この状況でも自分から何かをしなければならないと。だから、私は将来、この福島県で、地元の人のためになる仕事に就きたいと思っている。この大震災を経験して、初めて心からそう思った。大人が頑張っている時、私は何もできなかった。自分は無力だと改めて思い知らされた。地震が起きてから様々な人々に私は助けられた。今度は、私が人々を助ける番だと強く思う。そうなる日まで、必ず地元に戻り、どんな困難も乗り越え、努力し、この夢を実現させる。そう決めたんだ。

今できること

福島県立双葉高等学校二年
今福《いまふく》　彩花《あやか》

平成二十三年三月十一日午後二時四十六分にマグニチュード九・〇の大変大きな地震が東日本を襲《おそ》った。

地震発生前、外には普段と変わらない音があった。その音が地震発生後なくなった。周りを見渡すと家はつぶれ、道路は陥没《かんぼつ》し、とても以前と同じ町とは思えないほどに変わってしまっていた。

どれくらい経っただろう。急に雨が降り出した。いったん屋内へ避難したが、数分後に津波が来るということで高台へと避難することになった。

そして、高台へと避難してから一～二時間が過ぎたころ、原発で放射能が出ているという情報が入り、小学校へ、さらに離れた中学校へと移動した。

校舎の中には、高齢者や小さな子どもも多く、どこの教室も人であふれていた。

まだ三月ということで日が暮れるにつれて寒さが強くなってきた。

ここに来て、家族と連絡がとれた友だちは帰っていった。残った先輩や友だちと床《ゆか》に座っていると、「寒いからこれを使いな」と、ある家族が毛布を貸してくれた。結局、この日はここで一夜を明かしたが、ずっと余震が続きとても眠れる状態ではなかった。次の日には母と合流できたが、病院に勤めているので戻らなくてはいけなく、私も一緒に病院へ行くことになった。病院では、医師や看護師たちが患者を安全な場所へ移すために自衛隊と協力し、原発から離れた場所に移動しているところだった。患者を移し終え、病院を出たころに原発で水素爆発が起きた。

家に着いたが誰もいなかったので、中通りの方へ祖母と妹を探しに向かった。津島《つしま》の避難所で父と合流でき、川俣《かわまた》の避難所で妹たちと会うことができた。

ここの避難所で一週間を過ごしたが、この中で色々と学んだことがあった。

まずは、周りの人がお互いに励まし合ったり、お互いに支え合ったりしていること。実際に祖母たちも隣の人に助けてもらっていた。

次に、消防団や役場の職員は自分たちも災害にあっているのに避難所にいる人たちを優先し、自分たちが休む時間もほとんどないのに一人一人の状態に気を配り、まわって歩くのがすごいと思った。

私は家族に会えてうれしいと思ったが、しかし、避難所にいる人の中には地震で家がつぶれて住むことができない人や、津波によって家族や家、思い出を失った人もたくさんいると考えると、心から喜ぶことはできなかった。

ここの避難所で私ができたことは、各地から送られてくる支援物資を運ぶことや、ここにいる人数分のカップラーメンの準備、服などをサイズごとに分けることぐらいだったが、少しは役に立つことができたと思う。

この東日本大震災で、たくさんの人が亡くなり、たくさんのモノが失われ、たくさんの人が悲しんだ。

これは変わらない、変えることができない事実だが、これからの私たちに、「今」できることは、この地震の被害の大きさを受けとめて、過去の出来事ではなく、現在の状況と向き合うことではないだろうか。

そして、周りの人と互いに支え合い、協力すること。

町の復興だってみんなで力を合わせれば取り戻すことができる。

一人ではできなくても、皆でやれば何でもできる。

少しずつだけれども、すでに私たちの心は復興へと向かっているのだから。

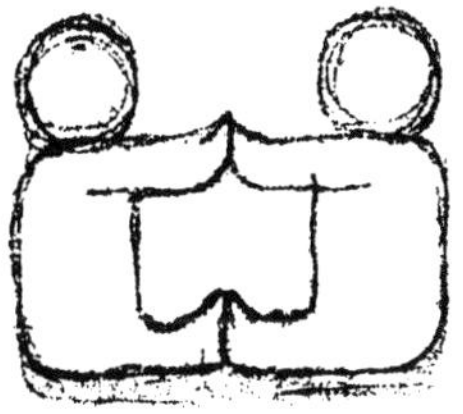

自分がなりたい先生を目指して

福島県立双葉高等学校二年
小野田《おのだ》　留奈《るな》

「学校の先生になりたい」そう思い始めたのは中学生のころだった。子どもが好きで将来は子どもと関わる仕事がしたいと以前から思っていたのだが、具体的にどうなりたいかを考えることはなかった。そんな時、大好きな先生に言われたのが、「先生を目指してみたら？」という言葉だった。最初は私には無理と考えていたが、いつしか本気でなりたいと思うようになっていた。

私が目指す先生は「生徒たちが気軽に悩みを話せる先生」だ。中学二年生の時の担任の先生がそうであったように。そのころ私は友人関係がうまくいかず、学校に行くのがとてもつらかった。自殺だって考えたこともあった。そんな私を救ってくれたのは担任の先生だ。先生は何度も何度も話を聞いてくれた。そして何度も何度も温かい言葉をかけてくれた。「あまり深く考えるな。ポジティブに考えろ」。その言葉にどれだけ救われたことか。私も、先生のように生徒たちの力になれる先生になりたいと考えるようになった。それからは夢を叶えるために必死に勉強していたのだが……。

三月十一日午後二時四十六分、とても大きな地震が起きた。今までに体験したことのない揺れ。友人四人と友人宅にいたが、五人全員無事だった。余震が続く中外に出たが、私は言葉が出なかった。近くにある保育園の園児たちの泣き叫ぶ声、泥水であふれている道路、傾いた電柱。私が知っているいつもの風景はもうそこにはなかった。友人宅は私が住んでいる町の隣町にある。自分の自宅に帰った時には午後九時を過ぎていた。停電のため電気がつかず、家の状態をよく見ることはできなかったが、自分の部屋が棚《たな》から落ちた物などでぐちゃぐちゃになっているのはわかった。明日から片づければいいと考えていたがそれを実現することはなかった。翌日の朝、町に防災無線が鳴り響いた。東京電力第一原子力発電所から放射性物質がもれる危険性があるため、避難して下さいという内容のものだった。今は逃げた方がいい、きっと二、三日経てば帰って来ることができるはず、そう思った。しかし未だに自宅には帰れていない。

震災から一か月経ったころ、私は自分の進路について迷い始めていた。この先、もし自宅に帰れなかったら、両親は失業するだろう。しかし妹たちはまだ小・中学生。これからたくさんお金がかかるはず。それなのに私は大学へ行っていいのだろうか。大学へ行くことをやめ、先生になるという夢をあきらめ、就職した方がいいのではないだろうか。ちょうどそのころ、私は家族で親戚宅にお世話になっていた。ある日、小学生の従兄弟《いとこ》たちから、勉強を教えてほしいと言われた。決してうまくはない教え方。それでも従兄弟《いとこ》は笑顔でわかったと言ってくれた。私でも教えられる、子どもを笑顔にすることができる、そう思ったらうれしくなった。もう一度、夢に向かってがんばってみようと決めた。

　私が「先生になりたい」と思うきっかけはとてもささいなことだ。だが、今は誰よりもなりたいと思う気持ちは強い。先生という職業がとても大変だということはわかっているし、生徒たちに勉強をうまく教えられるかどうかもわからない。それでも私は先生になりたい。そして、夢を叶えることができたら、生徒たちに今回の東日本大震災について教えたい。たくさんの人たちが亡くなったこと、つらい思いをした人たちがたくさんいること、避難所ではみんなでお互いを気にかけ助け合って過ごしたこと、日本全国の人たちを含め全世界の人たちが支援をしてくれたこと。しかし、先生になるためにはたくさんの勉強が必要だ。相手の気持ちを理解するためのコミュニケーション能力を養う、専門的な教育に関してその勉強を重ねるなど、自分の目指す先生になれるよう、夢に向かってがんばっていきたい。

子どもたちのために

福島県立双葉高等学校二年
小松《こまつ》　夏子《なつこ》

私が三月十一日の大地震を体験したのは、今原発で騒《さわ》がれている双葉町《ふたばまち》の耳鼻科の中でした。その日はたまたま部活動を早く上がって、近くの耳鼻科で診察を待っていたところ、あの長く大きい地震にあってしまったのです。子どもを抱《だ》いたお母さんがあわてて立ち上がって転んでしまい、それをスタートに、中にいる人が皆外に走りました。私は突然のことで気が動転して動けなかったのですが、建物がミシミシと音を立てているのを聞いて、震えながら外に出ました。外に出てからも地震の揺れが止まることはなく、小さい子どもは大声を上げて泣き、大人は地面にしゃがみこみ、ただじっと地震がおさまるのを待ちました。周りを見てみると、目の前にあった家は崩れ落ち、電柱は傾き、道路からは水が噴き出し、私たちがいた耳鼻科は崩れなかったものの、大きくひびが割れ、破片が地面に散らばっていて、いつも私が見ていた双葉《ふたば》と同じものとは思えないほどの変わりように、恐怖を感じて呆然《ぼうぜん》としていると、一人の女の人が私に声をかけていました。

「中に荷物を取りに行きたいので、この子たちを少しだけ見ていてもらえませんか？」

近くに泣いている女の子が二人いました。

私が傍《かたわ》らに寄ると、女の子は、私の制服のすそを、小さい手でぎゅっとつかんで離さないのです。十六歳の私がこんなにも怖いと感じているのに、私より一回り以上も小さいこの子たちは、どれだけの恐怖を味わったのだろうと考えると、胸が締めつけられる思いがしました。

その後私は何とか自宅のある川内村《かわうちむら》に帰り、まだ余震が多く続く中、眠れない一晩を過ごしました。

次の日、テレビからは原発のニュースと、東日本大震災の様子だけが延々と流れていました。昨日、私が体験した恐ろしい出来事は夢ではないと実感したと同時に、これから先のことに大きな不安を覚えました。そんな中、亡くなった方は増えるばかりで、行方不明になっている方がたくさんいることを知りました。この何百人もの亡くなった人の中に、昨日のような小さな子どもが何人いるのだろう、そして親を亡くしてしまった子どもは何人いるのだろう。

私は子どもが好きで、一緒に話したり、遊んだりしていると、たくさんの勇気と元気をもらえます。今まで何度も子どもたちの笑顔に救われてきました。将来は、子どもに関わる仕事をしたいと、ずっと胸に決めていました。今、私を救ってくれたたくさんの笑顔や元気が、地震のせいで少なくなってきている中で、私ができる最大限のことを子どもたちにしてあげたいのです。

「自分が本当に苦しい時に、もっと苦しい人を助けてあげられるかどうかで、その人の真価が問われる」

担任の先生が私にかけて下さった言葉です。ぼんやりとしかわからなかったその意味を、この震災を通してやっと気づくことができました。私たちが体験したマグニチュード九・〇の大地震という暗い闇《やみ》を、子どもたちの太陽のような明るい笑顔で照らすことができるよう、私が持つ最大限の力を発揮できるように全力を尽くしていきたいです。

「当たり前」に感謝を

福島県立双葉高等学校二年
今野《こんの》 美佳《みか》

三月十一日、東日本大震災。福島では震災や津波に加え、原発問題や風評被害などにより、現在でも大勢の人々が悩まされている。

震災前、全てのことは「当たり前」だと思っていた。家族といるのが当たり前。仲間と一緒に過ごすのが当たり前。自分の家で生活するのが当たり前。平日には学校に行って、授業を受けて、部活をして。もちろん毎日が同じというわけではないが、基本的なことは変わらない。誰しも、そのような当たり前の日常をそれぞれ持っていただろう。

だが、地震が発生した午後二時四十六分から多くの「当たり前」が次々と奪われていってしまった。震災で家が壊された人も、津波で地元が流された人も、原発問題で自宅に帰ることが法的に禁止された人もいる。「自分の家で生活する」のが当たり前ではなくなってしまったのだ。

　そんなふうに奪われた私にとっての「当たり前」の一つが、「月曜日」である。震災のあった十一日は金曜日。その日は午前で授業が終わっていたため、地震発生時は友だちと別れた後だった。しかし別れる時には数時間後に大地震が起こるなんて誰も思っていない。今日別れてもまた月曜日、学校に来れば会えるはずだったし、そうなると思っていた。けれど月曜日になっても原発に近い学校にはもちろん行けず、自分たちも避難することになり、結局来るはずだった月曜日はどこかへ見失ってしまった。

　しかし最近、家族で話すことがある。我が家は恵まれている、ということだ。確かにそれぞれ失った物はゼロではないが、失った物ばかりではない。家族が全員そろっている。仕事がある。授業を受けられる場所がある。帰れる家がある。震災前には当たり前だと思っていたこと。でも今はそれが当たり前ではなくなってしまった人たちが大勢いる。だから、私たちの家族は恵まれているのだと。

　世界が動くほどの今回の大地震。さすがに起こってよかったとは言わないし、思わない。起こらなければどんなによかっただろうと思うが、もうどんなに願ってもこの震災がなかったことにはなってくれない。だからせめて、少しプラスに考えてみる。

今までの生活を振り返るチャンスだったのではないかと。ずっと「当たり前」だと思っていたことは、全て特別なことで、感謝すべきことだったのだ。

それから、こうして振り返ってみて、怖いと思ったことがある。それは、忘れることだ。今はまだ、地震が起こった時のことをはっきりと覚えている。しかし、何も考えず今の生活に慣れていってしまったら、再び感謝が当たり前に変わってしまう気がするのだ。

いつまでも変化が訪れないということはない。毎日少しずつ、善かれ悪しかれ、一人一人の力で変化し続けている。そうした変化の中でも今回の震災のこと、震災にあって思ったことをいつまでも忘れず、感謝の心を持ち続けていたい。

高校生である私にできることは限られているが、将来の夢を叶えるために勉強することはできる。家族の力になることはできる。そのような小さなことでも、自分にできることを見つけ、実行していくことはできる。今はまだ先は見えないけれども、いつかまた被災した人たちが再び地元に帰れる日を信じ、今この瞬間を大切にして生きていきたいと思う。

震災をバネにして

福島県立双葉高等学校二年
鈴木《すずき》 康弘《やすひろ》

私の将来の夢は社会科教員になることです。この職業に就きたいと思った理由の一つは、中学校の時の担任の先生の影響からです。その担任の先生は私の部活動の顧問でもあり、様々な方面で指導していただきました。また先生は、私の得意科目である社会科の教員でした。このことが私が教師になりたいと思うのに最も強い影響があったと思います。社会が苦手な人、得意な人どちらが授業を受けてもわかりやすく楽しい授業をする先生の姿を見て、「すごい先生だなあ、こんな先生になりたいなあ」と思い、もともと人に教えるのが好きだったので、自分の得意な科目でもあった社会科教員になろうと思いました。

もう一つの理由は、大震災の時の先生方の対応からです。三月十一日の震災の時、私は学校から少し離れたテニスコートで被災しました。人が立てないほどの大きな地震、私にとっては生まれて初めての経験でした。地震が少しおさまった時、周りを見渡して見ると、いつも見慣れた光景が言葉に出ないくらい無残に壊れていました。家がつぶれ、土砂が崩れ、道路や線路は亀裂《きれつ》や隆起していたりと、いつも通っている場所とは思えないほどでした。そんな時、先生は優しく声をかけてくれたり、安全に避難所まで誘導してくれました。このこと以来、先生はとてもすごいんだと改めて感じ、より強くこの職業に就きたいと思いました。

この職業をするうえで大切なことは、人の話は真剣に聞き、誠意を持って対応する、こういう身近なことではないかと思います。この身近なことが教員になるのに必要なことだと思います。私はあいさつなどをきちんと行い、将来、明るくてこの先生でよかったと思えるような先生になりたいです。そして、この職についてよかったと思えるよう、日々努力していこうと思います。

私の通っていた双葉高校は、現在原発事故の影響で警戒区域内にあるため、通学できない状況になっています。この状態で高校生としてすべきことは、自分で決めて通っている高校などで、その誇りを持って勉強に励むことです。私の自宅も警戒区域内にあるため、今は自宅から七十キロ離れた福島市に住んでいます。二、三回くらいしか来たことがなくまったく土地勘がわからず不安でしたが、親戚が福島市に避難していたこともあり、その不安も少しずつ消えていきました。双葉高校のサテライトができたのでとても心強い思いでした。この新しい土地で、また双葉高校で高校生活を始められてとてもうれしかったです。私は双葉高生として常に何ができるか考えて行動し、周りの人々の役に立てるよう頑張ります。このことも将来先生になった時にいい経験になるかもしれません。

将来、この職業に就くことができたら、公務員の一人として、子どもや地域の人々に、教育面で社会貢献していきたいと思います。子どもには、授業などの教育を、地域の人々には学校行事やボランティアなどで貢献していきたいです。

この震災で、住んでいる場所、学習環境などが変わりましたが、通っている高校、先生、友だちは変わっていないので、一つ一つ協力しながら、双葉高生として誇りを持って勉強や運動など頑張っていきたいと思います。そして、将来の夢を叶えられるように日々努力をしていきたいと思います。

福島県が完全に復興した時には、教師として、日本の将来を作っていく次世代の子どもたちを育てたいです。理想の教師を目指して、前進していきます。

強く

福島県立双葉高等学校二年
本田《ほんだ》 梨華《りか》

三月十一日午後二時四十六分、私の人生は狂《くる》わされた。

あの日はいつも通りに、所属する剣道部での活動をして、自宅に帰るはずだった。しかし、大地震により私はまったく考えていなかった道を歩むはめになった。地震がおさまってから次に起きたのが原発事故。このことで二十キロ圏内の地域には住めなくなり、私も村を離れなければならなくなった。私は地震から一か月くらいたってからアパートに住むことになった。以前いた避難所ではプライベートなどまるでなく、精神的に苦痛だった。でも、今でも避難所で生活している人がいると知って、自分はなんて恵まれているんだと思った。それに、農業や畜産業をやっている人は、避難所やアパートに牛や豚など、家族同然の動物たちを連れてくることができず、殺すしかないとテレビで報道されていた。それに比べて、私はペットを連れてくることができた。罪悪感で胸がいっぱいになった。地震当初、「なんで私ばかりこんな目にあわなくちゃいけないんだ」と思っていたが、私よりつらい人、大変な人はたくさんいるということを思い知らされた。むしろ私は幸せなんだと感じた。家族もみんないるし、家も無事だし、ペットもいる。あんなこと思っていた自分が恥《は》ずかしくなった。自分のことばかりだった。

ある日、テレビで小学生の男の子を見た。自分以外の家族を失い、親戚の家で暮らしているという。それを聞いて、私だったら、絶対立ち直れないと思う。しかし、その男の子は弱音も吐かず、明るい表情で、力強い目をしていた。私は逆に勇気と元気をもらった。その時、私もこの震災に立ち向かおうと強く思った。今度は、元気をもらったかわりに私が被災した人たちを応援しよう。

私が今回、震災を体験して大切だと思ったことが二つある。一つ目は、希望を持つこと。どんなに小さいことでも、それに向かって進んでいこうと頑張れるからだ。私は「いつか帰れる」という希望を持っているから今でも頑張れている。

二つ目は、信じること。なんでも「どうせ～」と決めつけるより、信じていれば何か奇跡が起こりそうな気がするからだ。いつか家に帰れると信じていれば、今の生活にだって耐えられるし、いつか原発が収束して学校に戻れると信じていれば、サテライトや、違う学校だって楽しくなってくる。いつか終わりが来ると信じて前に進もう。もしも、今でも以前の私のようにネガティブに考えている人がいたら、私が声をかけてあげたい。そしてその人が立ち直った時に、また違う人に声をかけて、よい連鎖でみんなで元気に励まし合いながらこの震災を乗り越えられればいいと思う。

あの日から二か月以上がたった今、いつか自分の家、高校に戻れると信じて生活している。もう、マイナスに考えることはやめる。私以上につらい思いをしている人は、たくさんいるし、大変なのはみんな同じで自分だけじゃない。みんな同じ空の下で生きていると思うと勇気がわいてくる。明日に向かって精一杯生きようと思えてくる。つまり、私が伝えたいことは、一人じゃないということと、希望を捨てないということ。世界中の人が応援してくれているし、少しずつでもよい方向に向かっている。いつかは必ず終わると思う。そう信じたい。そして、元の生活に戻って、あの日で止まった時計を動かす。だからその日が来るまで、強く生きよう。

あきらめないことの大切さ

福島県立双葉高等学校三年
秋元《あきもと》　亮祐《りょうすけ》

三月十一日、それは前ぶれもなく突然襲《おそ》いかかった。私はその時、高校の校庭で部活動の練習をしていた。

「地震だ」

部員の誰かが言った時、地面が大きく揺れ出した。私の意図に反し、徐々に大きくなる地震は、校舎のガラスを割り、近くの民家を倒壊させ、私たちの心に絶望的な恐怖を植えつけた。あの時の光景を私は一生忘れないだろう。

震災直後、それはひどいものだった。何とか家に帰ることができたが、原子力発電所の事故により、我が家を離れざるを得なかった。

しかし、このような状況で傷ついていく中で、逆にどんどん強くなっていった一つの思いがあった。それが、警察官になりたいという気持ちだった。

震災直後のテレビの様子は、今でも鮮明に覚えている。その光景を目の当たりにして、「何か自分のできることをしたい」とくすぶっていた気持ちも忘れることなどできない。そこで、この体験を活かすことはできないものかと考えた結果、警察官という職業に焦点を当てた。

私が警官になりたいと思った出来事が二つある。一つ目は、震災直後の空き巣被害だ。原子力発電所の半径二十キロ圏内の市町村民は、家を離れ、避難せざるを得ないため、誰もいない民家をねらって、家の物が盗まれるという被害が相次いだ。私の知人にも、お金や電子機器を盗まれたという人がいて、その人は地震に対する衝撃に加えて、心ない者の窃盗《せっとう》により

「人を信じることができなくなった」

と語り、隠しきれない大きなショックを受けていた。本来、地域の治安を守るべき警察が機能することができないというのはとても大変なことなんだと、重要性を再確認させられた。

二つ目は、繰り返しテレビなどで流れていた記事にある。小さい男の子がおもむろに靴を履《は》き、何をするかと思ったら

「地震を逮捕してくる」

と言った。という記事だったが、この記事に私の心は大きく揺れた。自分よりずっと小さい男の子が自分の意志を明確にし、さらに行動に移している。私は、自分にないものをその少年から学び、意志をより強く、そして行動に移そうと決意した。

そして、私の身近にいて、とても尊敬できる存在の人が私の夢の後押しをしてくれたのだと思う。その人が地域の駐在さんだ。悪さをして注意されたこともあったが、私が自転車をなくして困っていた時、親身になり必死に探してくれた駐在さんは私のあこがれの的だった。

私は今、高校が原子力発電所の事故により使用することができないため、他校の校舎を借り、サテライトとして勉強させてもらっている。慣れない環境の中で様々な不安が消化されない毎日ではあるが、勉強を「している」のではなく、「させてもらっている」ということを常に忘れず、感謝の気持ちを持って勉強に励み、いつか地震でさえも逮捕しようという志を持つ少年のような、厳しさと優しさを持った駐在さんのような警官に私はなりたい。

ボランティア

福島県立双葉高等学校三年
石井《いしい》 和貴《かずき》

私は、将来カウンセラーになりたい。今回の地震「東日本大震災」によって、原発の問題により家に帰れなくなり、避難所で生活をし、大切なものを奪われ、知り合いが死に、友だちとも突然会えなくなってしまい憎しみと悲しみばかりという状況だったが、逆にそれが自分がカウンセラーになりたいという気持ちを強くしてくれた。

ある時に、避難所で足湯をしてもらいながらハンドマッサージをし会話をするというボランティアを一緒にしてみないかと、避難所で東京からボランティアに来ていた大学生の人に誘われたことから始まった。最初は軽い気持ちで行ったのだが、相手との距離が、手を握《にぎ》り合うということによってより近くなり、たくさんの話を聞くことができた。なのでそれにより悩みや不安を聞いて、自分が心のケアの仕方を知っていればと後悔し、それをきっかけに前よりももっと自分がカウンセラーになりたいという気持ちを強くしてくれた。

　私がやってきたそのボランティアの中で聞いてきた言葉の中で、今も心の中に残っている言葉が一つある。その言葉は、ある七十代のおばあちゃんが言った言葉だ。「一人になりたくない」。最初聞いた時、私はその意味がまったくわからなかった。だが話を聞くとだんだん理解することができた。「一人になりたくない。仮設住宅に入ると、いつも声をかけてくれるお隣さんも、自分の体調を心配してくれる人も、いなくなってしまう」と、孤独が嫌だったのだ。自分はプライバシーも何もない避難所から早く出ていってしまいたいとたくさんの人が言っていたので、まさかこのような考えがある人がいるとは思わなかった。人とのつながりというのはこの時、本当に大切なものだと思った。なのでこの「一人になりたくない」という言葉は、今でも私の心の中に残っている。

　このように色々な考えを持っている人がいるということを学び、人と人とが助け合う大切さ、「ありがとう」と言われた時のうれしさ、一人一人思っていることが違うということ、何がストレスになるかは人によって違うなど、普段では学べないことをたくさん学ぶことができた。地震が起きる前には、老人ホームや児童館などにたくさん行っていたのだが、それとはまったく違うこともたくさん学ぶことができたので、私は今、避難所でしてきた体験やボランティアがとっても自分にとって貴重なものになり、よかった。なので、これからもたくさんの人が喜んでくれること、人を助けられるようなことをたくさんやっていきたいと思う。

たくさんの話を聞き、たくさんの体験をすることができ、たくさんの悩んでいる人を見て、心から自分が何かできることをしたいと思うことができた。だからこの地震によって学んだことも、地震により知ることができた気持ちを忘れないようにし、そしてこれらの体験をバネにして、将来カウンセラーになることができるように、これからもがんばっていきたい。そして一人でも多くの人を助けられるようになりたい。

光あふれるふるさとのために

福島県立双葉高等学校三年
遠藤《えんどう》　孝明《たかあき》

私には夢があります。それは水族館に就職し、シーラカンスの繁殖を成功させ、多くの人にシーラカンスの姿や生態を知ってもらうことです。シーラカンスというのは生きた化石と呼ばれ、何億年も前から姿を変えずに生き続けてきた魚です。なぜこのような夢を持ったのかというと、私は小学生のころから山や川に行って昆虫や魚をつかまえたり、観察したりするのが好きでした。そんなある時テレビで、福島県にある「アクアマリンふくしま」という水族館の撮影チームが、インドネシア沖の海底で生きたシーラカンスの撮影に成功したというニュースを見ました。私はそれを見て、本当に何億年も前から姿を変えずに生き続けていたのかと当時はものすごく衝撃を受けました。そして将来、自分も生き物に対する情熱は負けていないと思い、アクアマリンふくしまに就職して、シーラカンスについて関わっていきたいなと考えました。

しかし、そんな楽観的な夢を見て普通に生活をしていたある日、東日本大震災が起こりました。その地震が起こした津波の影響で原子力発電所の機能が停止し、メルトダウンを起こし、放射性物質が外部にもれ出すという事故が起こりました。その影響で放射線量が高くなり、また半径二十キロ圏内はもしもの時のことを考えて国が警戒区域に指定し、自由に出入りができなくなりました。私の家も警戒区域内に入っていたので、私は十七年間生活してきた家や町から離れることを余儀なくされました。私は学校に行っていて、震災後交通機関が全て麻痺《まひ》し、携帯もつながらない状況だったので、親とも連絡がとれず、安否がわからないまま避難所の中学校で不安な夜を過ごしました。次の日、朝早くいきなり西へ避難しろという、まったく訳のわからない指示に戸惑《とまど》いを感じながら、先生の車で親のいる避難所に送ってもらいました。そこからしばらくプライベートがない不自由な避難所生活が続きました。避難所ではまったくすることがなく、しかも私は今年受験生で、より上の大学を目指そうと思ったので、勉強道具もあるし、勉強しようと思いました。しかし、もともと集中力があまりなく周囲の環境を気にするたちだったので、勉強が手につきませんでした。そんな中でも、やろうと思ってやっていたことが一つあります。それは本を読むことです。私は、勉強など、あまり好きではないことに対して集中が続きませんが、読書に対しては自分でも驚くほど集中することができます。なので本を読んでいれば、勉強ができなくてもいくらかましと思い、本だけは読んでいました。

避難所のホテルに移動してから、本当だったら三月中に終わらせるはずだった一、二年の復習を少しずつ始めました。しかし二か月以上も頭を使っていなかったので、一年生の内容すらわからないことが多くありました。その時にふと感じるのは、どうしてこんな状況の中で勉強をしているのだろう。なぜ自分はこんな所にいるのだろう。本当だったら普通に生活をしているはずなのにという、不安や白昼夢《はくちゅうむ》を見ているような感覚に襲《おそ》われます。そうなるとしばらく、その感覚から抜け出せなくなり、何も手につかなくなります。そうなった時は、水族館で働いて、シーラカンスを何としても、飼育・繁殖に成功させ、たくさんの人に見てもらいたいんだろと自分の夢を思い出して言い聞かせます。

このような絶望的な状況でも、夢に向かって一生懸命頑張っていればいつか必ず夢を実現できると、身をもって証明したいです。

私の夢

福島県立双葉高等学校三年
遠藤《えんどう》 ひとみ

私は希望を持って、夢に向かっていきたいと思います。夢を叶えるために、どんな困難があっても私は真っ直ぐに突き進もうと思います。

私は福島県の富岡町《とみおかまち》に住んでいました。私は今回の東日本大震災にあい、またそれによる東京電力の原発事故の被害も受け、避難して現在は会津《あいづ》地方に住んでいます。

震災前、私は高校卒業後は就職をしようと思い、自分の生まれ育った富岡町《とみおかまち》で一生懸命働こうと考えていました。私は富岡町《とみおかまち》が大好きで、桜のトンネルや駅のつつじ、たくさんの山々、暮らしている土地や人々がとてもすばらしく、ずっとこの地で生きていきたいと思っていました。

しかし三月十一日、東日本大震災が起きました。私たち富岡《とみおか》町民は次の日の朝には避難指示が出され、それ以来私はふるさとの地を踏んでいません。それから数日が経ち、原発事故により私たちは当分の間、町には帰ることができなくなりました。突然のふるさととの別れ。一週間くらいもすれば帰れるだろうと思っていた私にとって、その事実はあまりにもショックが大きすぎました。「これはきっと悪い夢に違いない」と私は何度も何度も頰《ほお》をつねったり、頭をたたいたりしました。でもそれは現実で、私はこれからの将来が真っ暗になってしまいました。

数日後、何となく気分が重く、もんもんとした気持ちでいた私や家族を、父が集めました。そしてこう話しました。

「今回の地震や津波で亡くなった人は大勢いる。家族や親戚、友だちなど大切な人を亡くしてしまった人もたくさんいるな。でもその中で俺たち家族は誰一人死ぬことなく、みんな無事に生きている。これは神様が俺たちは生きて、亡くなった人たちの分も生きて、この震災から立ち上がるように言っているんだ。だから、俺たちは前に進もう」

その言葉を聞き、私は目が覚めました。そして自分はなんてばかなことを考えていたのかと思いました。もう先が真っ暗で、少しでも死にたいと思ってしまった自分。そんな自分がとても恥《は》ずかしく思いました。生き残った私がすべきことは、精一杯生きることなんだと思いました。

そこで、私は福島県の職員になりたいと思います。今回の震災で東北地方は大きな傷を負いました。そして私の生まれた福島県は今原発事故により、未だに復興もままならない状態です。私が生まれた町で働くことは叶いませんが、せめて福島県で働きたいと思います。また、私や家族をはじめ、同じように被災した人々、福島県に住む人々のための力になりたいと、そう思います。

そのために特に私は、県の経済の安定に取り組みたいと思います。例えば、県に新たな企業を誘致するということです。震災により多くの企業がなくなり、また衰退《すいたい》している今、経済を安定させるには放射能除去に関する研究開発をする企業や、新エネルギーの研究開発をする企業などを集約することだと思います。私は一日も早い県民の生活安定のために働きたいです。

私は一度は全てをなくしました。住み慣れた町、住み慣れた家、思い出がいっぱいつまった品々、通い慣れた校舎。当たり前にそばにあったことが一度に消えてしまい、絶望の淵《ふち》に落とされました。でも私は前向きに、私の夢に向かってめげずに頑張ろうと思います。福島県が、私の町が、また以前のように人々が笑顔で暮らせるように、私は一生懸命に尽くしていきたいと思います。

三・一一

福島県立双葉高等学校三年
久保田《くぼた》 樹《いつき》

何もない三月十一日の昼下がり……になるはずだった二時四十六分。未曽有《みぞう》の大きな揺れに、私は翻弄《ほんろう》された。電柱が大きく振れ、近くの水路は大きく沈《しず》んだ。続く余震。私の住む川内村《かわうちむら》は幸いにも道路や家屋に大きな損害はなかった。また、海からは二十キロ近く離れていて、津波などは来るはずもない。しかし、テレビの向こうに写し出された津波の映像。地獄そのものだった。住む家が流され、内陸に入ってもまったく勢いの衰《おとろ》えない津波。人・家・車を飲み込んで大型船やタンカー、港湾の巨大プラントを飲み尽くす光景から、私は目を離せなかった。その翌日、まさかの原発事故。安全神話は、もろくも崩れた。まるでおもちゃのように粉々に吹き飛んだ建《た》屋《や》。私たちは戦慄《せんりつ》した。「この世の終わりだ」と。その夜、私の家族はさらに二十数キロ離れた親戚の家に避難した。やはりそこでも寝ることはできなかった。三日目に私はようやく寝ることができた。そして四日目の朝、まだ私は現実を受け入れることができなかった。毎日とてつもない虚無感《きょむかん》に浸っていた。親戚の家のテレビでも津波のことから原発事故のことに移っていた。さらに一週間後、私たちの家族は新潟県の柏崎市《かしわざきし》に避難した。知らない土地に行ったものの、柏崎市《かしわざきし》の方々は大変優しく接していただいた。毎日が暇《ひま》で仕方がなかった。毎日が本当につらかった。だが、こうして知らない土地を我が足で歩くのもなかなか悪くないものだと気づいた。地震のことも原発のことも忘れて、知らない土地をただひたすらに歩いた。一番記憶に残っているのは、柏崎市《かしわざきし》にある海浜である。磯《いそ》の岩の上に朱ぬりの美しい小さな橋とお堂があった。私の脳はすぐその風景がどこかで見たものに似ていると思った。そう、いわきにある「波立海岸《はったちかいがん》」に近いものだと思った。心の奥から何かがこみ上げてくる感じがしてあまり長く見ることはできなかった。日本海には夕陽が毎日のように映えていた。太平洋側では見られない。とても美しかった。

こうして我々の過ごした日常は、悲しみも楽しさも一度に奪って行った。しかし、このような今までになかった経験をよくも悪くもすることができた。知らない土地を見ることもできたのだから。この状況をいつまでも嘆いていないで、私は前向きに進もうと思うことが大切なのだと思う。夢というはかなすぎる「灯」のために、少しずつでも前に進もうと思った。

未来

福島県立双葉高等学校三年
小荒井《こあらい》　美咲《みさき》

もしもあと五年くらい早く生まれていたら、私は人の命を救えていたのだろうか。私の将来の夢は、看護師になることです。高校三年生の受験の時期がだんだんと近づき、私も夢に向けて決意が固くなってきたところでした。そんな時に、東日本大震災。あの日を絶対に私は忘れない、忘れてはいけない。そう心に誓《ちか》いました。

あの日は、いつもと変わらない普通の日。Ⅱ期選抜の採点のため四校時で下校だった私の高校は、部活動で校内に残っている生徒もいれば、下校している生徒もいました。私は吹奏楽部でその日の部活動は休みだったので、家に帰り母とお昼を食べ、のんびりとくつろいでいました。そして午後二時四十六分。地震が起こりました。私と母はテレビを消してこたつに寝転がっていました。次第に大きくなっていく揺れ。母は食器棚《しょっきだな》を押さえに、私は玄関のドアを開けに立ち上がりました。その時、あまりの強い揺れに、お風呂にはっていた水が部屋の中に入ってきました。これはただごとではない……。そう思い、私と母は外に出ました。

外は何とも言えない恐ろしい光景。遠くから泣き叫ぶ子どもの声、近所の瓦《かわら》が崩れ落ちていく凄《すさ》まじい音。こんな表現をしてはいけないけれど、家一軒一軒がまるでプリンのように揺れていた。このことを思い出すだけで私はとても胸が苦しくなる。そして空一面が鳥たちで真っ黒になった瞬間、私は、もう地球が壊れてしまうと思いました。

こんな出来事、原稿用紙四枚でなんか書き表せない。しかし恐ろしいほどに時間は早く過ぎていって……。気づいたら日付が変わっていました。一睡もできなかった。地震の次の日の早朝、今ではもはや知らない人はいないであろう、福島第一原子力発電所の問題で、私たち家族は避難しました。何か所の避難所を回っただろうか。もう数え切れない。

一日におにぎり二つの生活が続きトイレは詰まって入れない。お風呂なんて入れるわけもない。みんなギリギリでした。でもこの状況で私はとても貴重な実感を手に入れました。それは人の心のあたたかさです。みんなみんな、優しかった。同じ被災者なのに毛布を分け合ったり、食べ物を分け合ったりみんなみんな笑顔になっていた。

私は思わず胸が熱くなった。人ってこんなに強いんだ、きっと日本は頑張れる。そう思いました。けれどやっぱり、物資があまり届かず、避難していた人たちで体調が悪いと訴える声が徐々に多くなっていって、倒れてしまう人が何人も現れました。正直、私は怖くて怖くて見ていられませんでした。でも、助けたい。でも、私には何もできない。看護師を目指しているのにただひたすら怖くて、将来の自分を想像するとゾッとしました。私は思いました。もし、私が今大人で、看護師の仕事を実際にしていたら、人を助けることができたのだろうか。考えただけで涙があふれてしまった。強くなろうと決心した。もう泣かないと。

そして何日か経ち携帯電話のワンセグでニュースを見ていたら、衝撃的なことがありました。それは地震で大津波が起き、家の屋根に避難したが助けが来ず、そのまま寒さで凍死してしまった人と、瓦礫《がれき》で生き埋めになってしまった人がたくさんいるということ。隣の県の宮城県では津波によって死体が三百人を超えるくらい流されているということ。

私は言葉が出なかった。絶句した。それと同時に、生きていること自体が奇跡なんだと、生きていることに感謝しました。そして私は決意しました。少しでも多くの笑顔と心を守れる看護師になりたいと。そして地元、福島県で働きたいと。

これからは私たちの時代。弱音など吐かずに死ぬ気で頑張ろうと。人生何があるかわからないけれど、ある歌のように上を向いて歩こうと私は思いました。そして私は人一倍心が強い看護師になり、地元福島県を、守っていきたい。これは夢ではない。絶対に叶えたい目標として心に誓《ちか》います。

ふるさとへ希望を込めて

福島県立双葉高等学校三年
脇坂《わきさか》　由莉絵《ゆりえ》

私は、三月十一日の東日本大震災で被災した。当日は、今までに感じたことのない揺れにおびえながらも、数日経てばまた元の生活に戻るのだろうと思っていた。きっと誰もがそう思っていただろう。しかし、翌日の朝、原発事故のため避難勧告が出され、避難した。その時も、数日間の避難だろうと思っていた。

避難所では、「人間らしい生活」が送れなかった。物資が滞《とどこお》り、一食しか食べられない日もあった。誰もが慣れない生活により、体調を崩した。避難解除の兆しもない。肉体的にも精神的にも限界だった。「生きているだけでも幸せ」なんて決して思えなかったし、そんなのきれいごとだと思った。目の前のことなど見えなくて、生きていくことで精一杯だった。

学校に行けなかったのも、大きな不安だった。今年は受験生なのに、と日々焦《あせ》りを感じていた。進学をあきらめようか悩んだ時もあった。事故の事態は悪化するばかりで、焦《あせ》りも日ごとに増した。

　不安な毎日を過ごしていた中、学校に行けるという知らせを聞いた。待ちに待った知らせを受け、私はとてもうれしかった。震災以来、初めて喜んだ出来事かもしれない。あきらめかけていた進学や思い描いていた将来にやっと希望を持つことができた。

　避難勧告が出されてから、私は一度も家に帰っていないため、現在のふるさとの様子はまったくわからない。しかし、避難する際に目にした、降起したり陥没《かんぼつ》したりしている道路や、崩れた家屋、破裂した水道管からあふれた水は、あまりに非現実すぎて衝撃を受け、今でも鮮明に覚えている。あの日に激変してしまったふるさとは、もう元に戻らないのだろうかと考えたら、涙が出るほど悲しかった。原発事故のため、二度とふるさとには帰れないと言う人もいて、悲しみもより深くなった。

　ある日テレビで、被災地復興のために尽力する人々を特集していた。自らも被災しながらふるさとのために汗を流しながら働く姿は、胸を打つものがあった。その姿を見て、私は、悲しんでばかりではいられないと強く感じた。どれだけ時間がかかっても、私たちはふるさとの復興を信じるべきなのだと痛感させられた。私たちが信じなければ誰が信じるのだろうか。またあの場所で、家族や友だちと笑いあう日が来ることを夢見るのはいけないことなのだろうか。確かに、震災や原発事故により、多くの苦痛を味わったり、自由を奪われたりした。それはとてもつらい経験であり、決して忘れることができないものである。しかし、その経験を忘れようとするのではなく、この未曽有《みぞう》の事態で改めて感じることができた、人と人とのつながりや絆を大切にし、将来への希望を捨てずに生きていくことができれば幸せだと思う。実際、私も将来を奪われたように感じていた。今でも、そう思う人がいるかもしれない。そんな人たちに、決して考えを変えろとは言わないが、いつしか前を見て生きていけるようになってほしいと思う。悩んでいるのは自分だけではないと感じてほしい。これからの生活に少しでも希望を見出せるように、周囲の人々にも温かく見守ってもらいたい。

私は絶対に、ふるさとは復興できると信じている。どれだけ厳しい状況であっても、希望を捨てずにいたいと思う。子どもからお年寄りまでが安心して暮らせるまちを取り戻したい。震災前よりももっと輝くまちが築かれることを決してあきらめない。

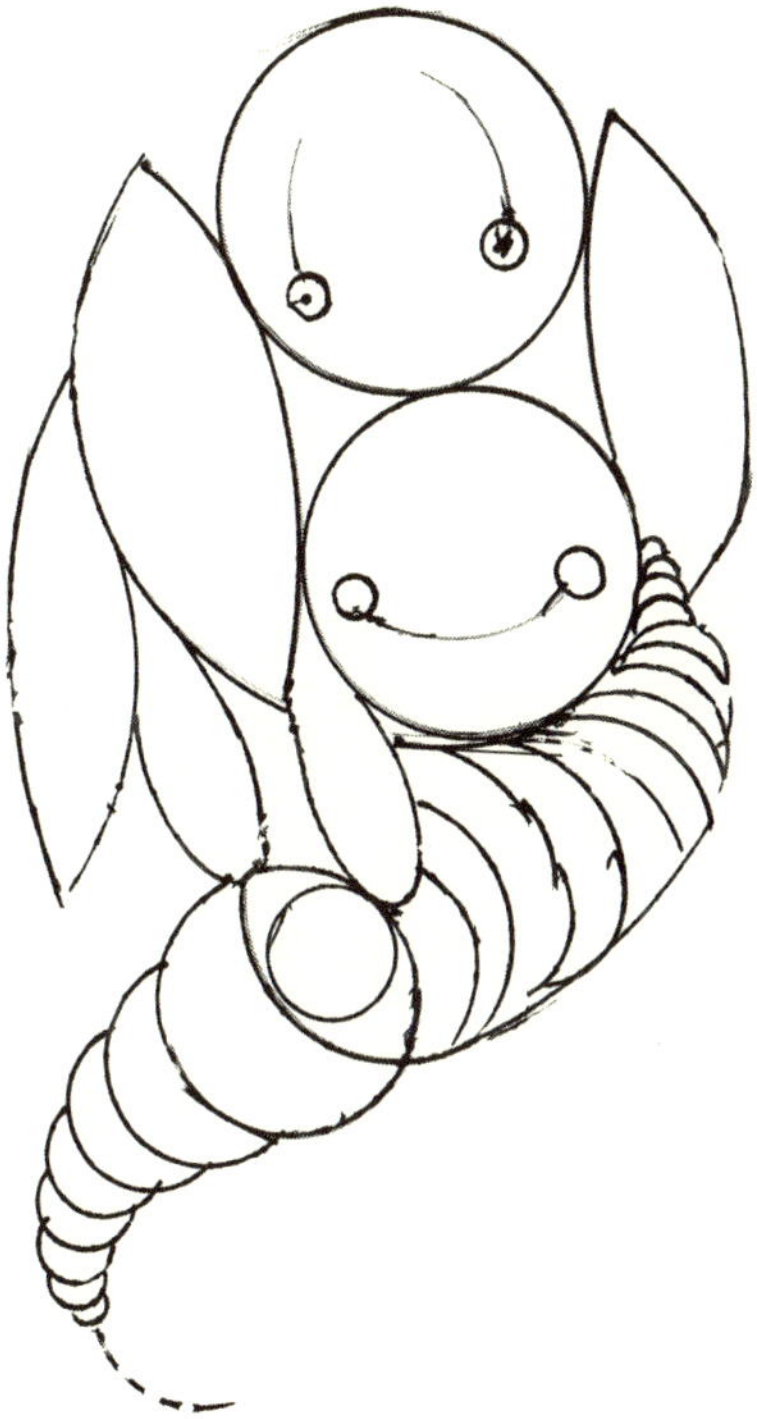

上を向いて歩こう

群馬県立中之条高等学校一年
森本《もりもと》　和典《かずのり》

「ゴーー！」という地響きと共に、天と地がひっくり返りました。二〇一一年三月十一日、この日を境に私の人生は大きく変わっていったのです。

その日は中学校の卒業式を終え、友人と街に出かけていました。十四時四十六分、突然大きな地震が襲《おそ》いました。しかし、そんな時でさえ私は「絶対大丈夫！」と、安心していました。私の家は福島第一原子力発電所からほど近い、福島県南相馬市《みなみそうまし》の、のどかな漁師町にあります。原発の事故は取り返しのできない大惨事を引き起こします。だからこそ、原発があるということは、どんなことがあっても安全なんだという、逆説的な安全神話を教え込まれていたからです。

しかし、そんな安全神話も次の瞬間に大きく崩れ去りました。柔道の足払いを受けたように、私は投げ飛ばされたのです。地面は大きく波打ち、荒波に翻弄《ほんろう》される小舟に乗っているかのような巨大地震でした。辺り一面は、子どものころに見たウルトラマンの対決シーンの後のような無残な光景に変わり果てていました。帰宅する交通手段もないため、私は比較的近くにあった母の実家に行き、その後、指定された小学校に避難しました。そこで両親と姉の無事も確認できましたが、祖母は安否不明のままでした。

二日後、家族と自宅に行ってみました。がれきの山で一キロほど手前までしか近づくことができません。そして、五百メートルほど内陸まで水浸しで、私の家は海の中でした。

「うそだろー！」。まったく変わり果てた光景に、思わず叫び声を上げました。

それから二日後、群馬県東吾妻町《ひがしあがつままち》に新しい避難先が決まりました。しかし、両親は南相馬市《みなみそうまし》で働いているために群馬県に来ることはできません。そこで、母方の祖父母と私だけが群馬県に避難することになりました。

ボランティア団体の方々の努力によって、衣食の不自由も次第に解消されてきたある日のことです。私は相馬農業高校で食品について勉強をすることになっていました。地元でパン屋を開くことが私の夢だったのです。しかし、今回の震災で、私はこの夢をあきらめていました。とても夢を見るような状況ではなかったのです。津波は私の家も、私の夢までも全てを押し流してしまったのです。

しかし、このことをボランティアの人に話すと、「中《なか》之《の》条《じょう》高校でその夢を実現しなさい！」と入学を強く進められ、入学式を迎えることができたことに本当に感謝しています。

私は自分の悲《ひ》惨《さん》な震災体験を発表するのがとても嫌でした。多くの友人が亡くなりました。思い出したくもないことばかりです。両親が共働きで、育ての親と言っても過言ではない最愛の祖母の死を知らされたのは、ゴールデンウィーク中の五月二日でした。

避難生活は最初のうちは力を合わせてうまくいっていましたが、避難所から出る人が出たために孤立する人がいたり、ストレスのため夜に大声を上げる人が出てきました。また、小学生の間では福島県民に対して心ない放射能差別もあるようです。

私は今まで、人に助けられて生きてきました。そして、今も多くの人に助けられています。しかし、私が声を上げて避難者の苦悩と現状を正しく知ってもらうことで、周囲の人の力になれるとすれば、それはすばらしいことだと思うのです。

「上を向いて歩こう。涙がこぼれないように……」。

亡くなった祖母が大好きだった坂本九の『上を向いて歩こう』の歌の一節が、何回も何回も頭の中で響き渡りました。

なんだか今までより、少しだけ強く生きられそうな気がします。

心が強いということ

国際ビジネス専門学校高等課程（東京都）三年
高堰《たかせき》　三奈《みな》

私には岩手の釜石《かまいし》に二人の祖母がいる。毎年、お盆に家族で祖母たちのいる岩手に帰っている。今年もいつものようにお盆に家族で帰る予定でいた。ところが予定より早く岩手に帰らなければならなくなったのだ。なぜか、それは三月十一日のあの恐ろしい地震の影響のためだった。地震のあった日。私の住んでいる関東でも、かなり激しい揺れを感じた。テレビをつけ目に飛び込んできた映像が、本当に今現実に起きていることなのかと信じることができなかった。ニュースで津波の映像が流れ始め、私は目を疑った。毎年のように行っていた祖母たちの住む街が津波の力によって形もなく崩れていく様子だった。すぐに映像を見て祖母たちは無事なのだろうかと、心配で胸が苦しくなった。地震の起きた後、祖母たちに連絡をしてみたが電話もつながらず、無事なのか生きているのかすらわからない日が二日ほど続いた。無事なことがやっとわかり、家族みんなで泣いた。私たち家族は一日でも早く顔が見たいと思い、地震のあった日から二十四、五日ほど経ち、岩手に行くことになった。車で岩手に行く途中に福島を通り過ぎている時、高速道路に段差ができて振動が伝わってくるのが、車に乗っていてもわかった。屋根の瓦《かわら》が取れて、そこにビニールシートをかぶせている家も多かった。そんな景色を見ながら岩手へ着いた。岩手の景色は地震のあった前と変わらなかった。心の中で「あれ？　いつも通りだな」と思った。祖母の家までの道には地震の影響をあまり感じなかった。祖母の家も海から離れていたためか津波の直接的な被害はなかった。次の日、私は家族と一緒に海岸沿いまで行くことにした。そしてそこで見たものに私は言葉を失った。お盆に出かけるたびにいつも行っていた見慣れた商店街は、まったく姿を消して、そこは瓦礫《がれき》の山でしかなかった。崩れた家々、家の二階に車が乗り上げ、信号機や電柱が折れ、以前の景色を思い出すのが難しいほど、街は姿を変えてしまっていた。商店街を見たあと、私たちは一番海岸の近くに住んでいる親戚の家に行くことにした。車で街を走っていきながら、私は津波の恐ろしさをまざまざと、残された波の跡から知った。崩れず残っていたアパートの三階の部分まで津波の跡があった。こんな高い所にも津波が来たなんて、私の想像を超えることが起きていた。親戚の家までの道も、本当の道がどこだったのかすらわからないほど、瓦礫《がれき》に埋もれていた。それと同時に、その辺り一帯は、今まで一度も感じたことのない異臭がした。やがて親戚の家に着いた。そこには、いつもと変わらず崩れてもいない親戚の家があった。山の一番奥の方にあった親戚の家は、わずか数百メートルの所で津波の被害を逃れていた。私たち家族は、津波の起きた日のことを親戚に詳しく聞かせてもらった。津波の直後、近くにある川に津波で家ごと流された人がたくさんいたので、その中の人々を道に引きずり戻して助けたりしたそうだ。「二日目からは遺体を探して、見つかると、道の端の毛布に包んでおくんだよ」。そんな話をおだやかに、でも少しつらそうな顔で私たちに話してくれた。祖母の家に帰る途中、車の外を見ながら思った。私は見ているだけで涙が出てきてしまうその景色。見ていることがつらくて仕方ないのに、私が見ている先には、一生懸命瓦礫《がれき》を片づける人や、自分の家族を探している人がいた。それを見て私は本当にすごいと思った。家族を失くし家を失くし、先の見えない中で被災した人は、皆なぜか笑顔だった。私は、とても強い人たちなんだと始めのうちは思っていた。でもその後、一人で考えていて気がついたのは、本当は弱いところもあり、つらいのだけれども、強くなくては、笑っていなくては生きていけないからではないのかと思った。

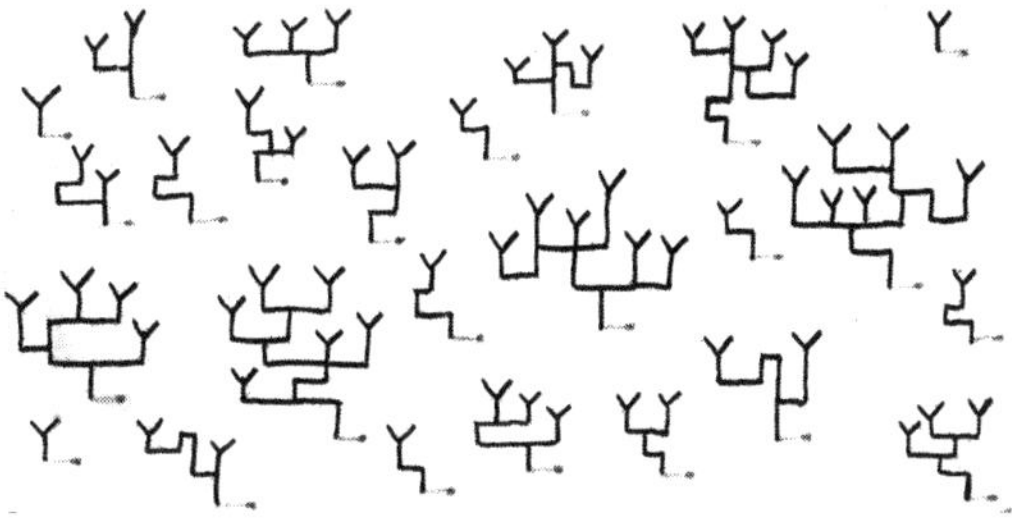

震災を通して感じたこと

昭和女子大学附属昭和高等学校（東京都）二年
黒田《くろだ》　夏実《なつみ》

日本は地震の多い国です。だから、地震の防災対策は他の国よりも優れていると思う。そんな日本をマグニチュード九の大地震が襲《おそ》いました。

三月十一日、東日本大震災。あの日は、東京も大きく揺れました。今まで経験したことのない大きな揺れに、私は恐怖を感じました。揺れる電線や建物、人々の悲鳴、子どもの泣き声。全てに恐怖を覚えました。一瞬、東京大震災がついに来たのだと思いました。

この日、私は初めて災害で家に帰れないという事態に陥りました。地震が起きた時、友だちと電車に乗っていたのですが、そのうち動くと思っていた電車が丸一日動かないからです。幸い、友だちの家の近くだったので私の家まで送っていただくことになったのですが、混み合った道路ではなかなか進みませんでした。結局、友だちの家に泊めていただくことになりました。私は家族の方にとても感謝しました。友だちの家族も、緊急時で混乱しているはずなのに私を受け入れてくれたことを、ありがたく思います。同時に、もしあの時一人だったら……、もし一人で一夜を明かすことになっていたら……、と考えるととても恐ろしくなりました。

次の日、家に帰って初めて見たテレビの映像に言葉を失いました。津波に流される車、全壊の家。本当にこれが日本で起きたことなのかと思いました。またこの日、父が二十時間以上運転して帰ってきました。父は仕事で、二度目の地震の震源地、茨城にいたのです。すぐそこまで迫っていた津波、目の前で起きた火災。父の体験談を聞いて本当に生きて帰ってこれてよかったと思いました。人間いつどこで何が起きるかわからないと、改めて実感させられました。

地震発生から一日経つと、節水・節電が呼びかけられるようになりました。ここでも私は、今まで水や電気を使いすぎていたことに気づかされました。普段から節電を心がけているつもりでも、ついつい使ってしまう水や電力を節約するのは大変なことでした。

多くの命を奪った地震ですが、私がとても感動した話があります。学校も休校になり、家で携帯を見ていた時、ある記事が目に飛び込んできました。

被災地の募金活動をしている所に、母親に連れられて幼稚園児と思われる男の子が来ました。「本当にいいのね？」と問う母に対し、「これで地震の人のお家建てる」と言い、五千円を寄付したそうです。しかもその五千円は、お年玉などで貯めた、ニンテンドー3DSというゲーム機を買うためのお金だったそうです。私は強く心を打たれました。胸が熱くなりました。高校生の私でも五千円なんて寄付していないのに。子どもにとって、最新ゲーム機はすごく、すごく欲しい物だっただろうにと思うと、その男の子の人を思う気持ちと優しさが強く伝わってきました。テレビでは死亡者数や悲惨《ひさん》なニュースばかりだったので、この記事はとても心温まりました。

また、今も福島原発で命がけで作業して下さっている作業員の方々にも感動しました。自分たちにも家族がいるのに、国のため、人のためにと作業している姿は立派でした。

多くの犠牲者《ぎせいしゃ》を出した東日本大震災。人々の命や家までもを奪いました。それでも人々の心は優しかった。ここには書ききれないほど多くの心温まる話がたくさんありました。私は、日本を誇りに思います。心優しい人が多くいる日本に生まれてよかったと思います。

被災地の方が、元の生活を取り戻すまで、あと何年かかるかわかりません。それでもいつか絶対、元の生活を取り戻してほしい。この地震で数えきれないほど多くのことを学んだからこそ、強くそう思います。

地震から二日後の三月十三日の誕生花は甘草《かんぞう》。花言葉は「再生」だそうです。被災地が何年かかっても再生できることを願ってます。

若い力が日本と世界を動かす

昭和女子大学附属昭和高等学校（東京都）二年
蓮沼《はすぬま》　彩子《あやこ》

二〇一一年三月十一日。この日は我々日本人にとって決して忘れることができない、歴史的な日だろう。以前からも予測されていたが、東日本を大きな地震が襲《おそ》った。今まであったものが地震と津波によって一瞬で奪われてしまった。ちょうど、多くの日本人の学生の被害者が出た、ニュージーランドのクライストチャーチでの地震のおよそ半月後のことである。

私はその日、短期留学でイギリスに滞在していたため、その地震を体験することはできなかった。しかし、日本で被害にあった友だちからのメールや、イギリスのニュース番組を見ると、その規模の大きさを感じた。イギリスのニュース番組でも、連日日本の地震のニュースをトップで取り上げていた。津波の様子などは私にとても大きなショックを与えた。遠く離れた地でも日本の被害の大きさが身に迫ってきた。

震災が発生しておよそ一週間が経ったころ、私たちは学生の街であるオックスフォードに見学に訪れた。土曜日だったこともあって、たくさんの若者が街にあふれていた。しかし、その日のオックスフォードには何か違うものを感じた。

和太鼓の音、笛の音がして、袴《はかま》を着こなしている人がいて、日本語が聞こえた。オックスフォードの学生たちが日本の震災被害に向けて募金を募っていたのであった。日系の学生だけでなく、いろんな人種の学生たちが活動していた。日の丸のはちまきをして募金箱を持っていたり、日本語が書いてあるTシャツを着てパフォーマンスをしたり、チャリティショップを開いていた。私も少しではあったがチャリティショップで買い物をした。

そんな学生たちを見ていると、一人の日本人としてうれしさを超えるものを感じた。若い学生たちから感じられる「日本を応援しよう」という力はとても美しくて感動させられた。

それと同時に、もし他の国で災害が起きた時には私たちもオックスフォードの学生のように動かなければ、と思った。すぐに実行することが大切だと思った。

今、日本でも土曜日、日曜日になると学生たちが募金箱を持って駅前によく立っている。この、一度傷ついてしまった日本を復活させ、元気にしていくのは、未来を背負っていく私たち若者、学生であると思う。そのためには、今の大人たちに任せっきりにしてしまうのではなく、募金箱を持っている学生たちのように自ら行動することが大切だと思う。

イギリスの若者たちが日本を応援してくれていたように、いろんな国が、いろんな人たちが、日本を応援してくれている。日本は一人ではない。いっぱいの味方がいる。だからこそ、私たち若者が日本を復活させて恩返しをできたらすばらしいと思う。

今もなお、被害が続いている。しかし、いろんな多くの人々が被災地を思っている。被災者の方々に私たちみんなで安心を届けられたらいいなと思う。

誇り

昭和女子大学附属昭和高等学校（東京都）二年
吉田《よしだ》 麻由《まゆ》

三月十一日、一瞬で多くの人々の幸せな日々が消えてしまいました。観測史上最大の地震そして津波や、原子力発電所からの放射能もれの三重被害で、日本中が大混乱となって三か月以上が経ちました。地震というといつ起こるかわからない自然災害で大切な人や物を失った方々のことを考えると、人間は自然災害ともなるとこんなにも無力で、立ち向かうのがこんなにも難しいものなのかと、改めて考えさせられました。

日本は、多く自然災害が起こる国ですが、自然災害が起こってしまった時の冷静な対応が、世界中の多くの国から関心を得ています。このことを私たちは誇りに思うべきなのだと思います。連日、テレビやラジオから多くの地震の情報を目にしますが、誰一人くじけず、逆に自分が被災者であるのにも関わらず、ボランティア活動をする方もいます。その中には私と同じような年齢の方もいました。これが日本人の底力というものなのかもしれないと、私は日々感じます。多くの交通路は地震発生後に壊れてしまいましたが、早期復旧ができたのも日本人だから。〝日本人〟。今回のことでより一層、自国に誇りを持つことが皆できたのではないでしょうか。少なくとも私はとても誇りに思います。

地震が発生して二か月が経ちましたが、テレビで被災地の映像が出るたびに悲しい気持ちになる時があり、時には被災者の方の話を聞いて涙が出てしまう時もあります。自分が経験したわけでもないのにこんなに悲しい気持ちになるということは、話をして下さっていた被災者の方の悲しみは私の想像を絶するものなのだと思います。これから暑くなってきたら、また多くの困難が押しよせてくるのかもしれません。多くの困難を抱《かか》えこまずに、日本全体でこの困難に立ち向かうべきなのだと思います。それに協力して、長い道のりになるであろう復興に協力できたらなと思います。

震災後からすぐ、世界の各地から救助隊がかけつけてくれたり義援金を送って下さる方々がいます。この震災と戦っているのは日本だけではありません。世界中の人が日本を支えてくれているということを忘れてはいけないし、感謝していかなくてはいけないと強く感じました。

今回の東日本大震災で、日々の何気ない生活がどれだけありがたくて大切で、こんなにもかけがえのないものであるということを痛感させられました。いつもと同じように生活していたであろう多くの人々を、恐怖と不安と悲しみにおとし入れた今回の地震はとても憎いものですが、この気持ちをどこにもぶつけることができずに苦しんでいる方も多くいると思います。また、避難所というプライバシーがなかなか守られない環境でストレスを感じている人も多くいると思います。この方々のためにも、多くの人で日本という国が早く復興できるように、私に今できるささいなことから協力します。東日本大震災にあわれた多くの人の日常生活が、早く戻ってほしいと思います。

傷を乗り越えて

石川県立津幡高等学校三年
織田《おだ》　光基《みつき》

私は石川県に住んでいる、普通の高校三年生です。ウエイトリフティング部という部活動に所属し、今年、岩手で開催されるインターハイに向けて、毎日厳しい練習をこなしています。

東日本大震災のことについては、テレビや新聞で、見たり聞いたりしています。家族を亡くして、悲しんでいる被災者の方々、部活をしたくても、できない中学生や高校生の人たち、そのようなことをいつでもテレビで見るたびに、とても心が傷みます。私は、毎日毎日部活があって、嫌になることも時々あります、けれども被災者の中には、部活をしたくても、できない人がいると思うと、部活をするのが嫌だとか、だるいとかいう気持ちもなくなって、今日も練習を頑張ろうという気持ちになります。

私は二年生の時にインターハイの予選という大事な大会の前にけがをしてしまい、

その大会にすら出られなくて、とても悔《くや》しい思いをしたことがあります。でも、そういう経験があってこそ今の私があるのではないかと思っています。もし二年生の時にけがをせずに、インターハイに出場していたとしたら、私は、出場したということだけで満足してしまって、ここまで記録を伸ばせなかったのではないかと思います。あの時、私はけがをしてしまった時に、どうしてけがをしてしまったのかを考えました。練習を休まずに、できる練習をひたすらがんばりました。けがをしていない人よりも、何倍も努力したと思います。あの時の、つらい苦しいという気持ちがあったから、今は全国でも競えるようになりました。金沢《かなざわ》で開催される全国競技大会は、東北地方の大震災があって中止になってしまって、選手宣誓《せんしゅせんせい》をする予定でしたが、それもなくなってしまいとても残念でしたが、今思うと東北地方の人たちは、練習をできる状況ではなかっただろうし、大会にも出場できなかったと思うから、全国選抜が中止になってよかったと思います。

　私もけがをして、練習をしたくてもできなくて、大会にも出場できない時期がありました。なので、したくてもできない、大会に出たくても出られないという、つらい気持ちは、私にもわかります。でも私は、そのつらい、悔《くや》しいという気持ちをバネにして今まで頑張ってきました。私の体験なんて大地震や大津波に比べたら小さなことですが、家族を失い、帰る場所をなくした被災者の方々、そういった傷みを乗り越えていけるように頑張って下さい。東北地方ができるだけ早く復興できるように応援しています。

「楽しさ」を追い求めて

石川県立津幡高等学校三年
櫻井《さくらい》　滉子《あきこ》

あの日家族を、友人を、日常を失った悲しみは、今も被災者の皆さんの心に深く刻まれているのだと思います。石川県にいる私にとってあの地震は震度三程度のもので、学校から自宅に戻り、テレビの映像でこの地震と津波の被害の甚大《じんだい》さを知りました。次々と流されていく家や建物、車を見て、ここは本当に町だったのだろうか、何十年もの時間をかけて築き上げた町の風景や文化、生活はこんなにも簡単に消えてしまうのだろうかと、私の心の中は驚きと恐怖で一杯になりました。死者・行方不明者が二万五千人を超える中、助かった皆さんは本当に奇跡的だと思います。しかし命が助かっただけでも幸せというのは、かなり厳しいと思います。これからどうしていいのかわからない。そんな不安な気持ちが心の中で渦巻《うずま》いているでしょう。私は皆さんのような被災を体験したことはないけれど、そんな不安で真っ暗で先が見えなくなった時ならあります。これから私の体験をお話ししたいと思います。

私は小学校四年生からバスケットボールを始めました。人生で初めてこんなにも熱中できることを見つけ、大げさですが今の私をバスケットなしで語ることはできないほどです。そんな大好きだったバスケットを心の底から辞めたいと思ったのは高校に入学してすぐでした。私が入学したのは県内でも屈指の強豪《きょうごう》で全国大会に何度も出場し、好成績を修めている高校でした。また、体育科ということで生活面でもしっかりしているし環境が整っていて、ぜひここでバスケットをして全国へ、と強い思いで入学したはずでした。しかし現実は厳しく、一日一日を乗り越えるのが手一杯で、そこに心の余裕なんて一つもありませんでした。バスケットはうまくいかない、生活面でも先輩に厳しく指導されて、毎日学校へ通うのが嫌になり、私は精神的にボロボロでした。こんなにもバスケットはつらくて苦しかったのか。辞めたい、辞めたい。そんな思いを親にぶつけて私はもう辞めると言い出しました。すると父は「お前バスケ楽しいって言ってたじゃないか。自分で決めて行ったんだし、辞めるのはいつでもできるからもう少し頑張ってみろよ」と私を励ましてくれたのです。確かにその通りだ、いつでも辞められるのだからもう少しだけ続けようと決心しました。こうして今の私がいます。かと言って何が成長したのかはわからないけど、あの時の自分を今なら笑って眺めていられる気がします。今となっては、厳しく指導してくれた先輩や励ましてくれた父には感謝の気持ちで一杯です。

人は誰でも困難や障害にぶつかるとすぐに逃げ出したくなります。しかしそこで立ち向かわなければ前には進めません。乗り越えられない試練を神様は与えない、やればできると私はいつも自分に言い聞かせています。被災された皆さんに与えられた試練はあまりにも厳しいと思いますが、きっと乗り越えられるはずです。苦しみや悲しみを力に変えて、一歩ずつ一緒に頑張っていきましょう。

今年の夏、高校最後のインターハイは、東北、秋田県で行われます。三年間つらい日々を何度も乗り越えて心も身体も少しは強くなったはずです。その全てをインターハイという大舞台で、皆さんのすぐ近くで発揮するために絶対に予選は負けられません。周りの人への感謝の気持ちを忘れず、必ず勝って私たちのチームの持ち味である高校生らしい元気ではつらつとしたプレーを、東北の地で披露《ひろう》したいと思います。

心を一つに

石川県立津幡高等学校三年
宮野前《みやのまえ》 怜子《れいこ》

東日本大震災のことはこれから先、日本人は誰一人忘れないと思います。日本の危機でもあるけれど、日本人の団結力の強さの表れでもある。この大震災のことは日本人は誰一人忘れてはいけないと思います。

私は今高校三年生でソフトボール部に所属しています。実は私も直接ではないけれど、被災者の一人です。被災地の方からすればかすり傷にもならない程度のものだと思います。だけどとてもショックは大きかったです。私の所属しているソフトボール部は新人戦で優勝し、春の全国大会の出場が決まっていました。入学してから最初で最後の春の全国大会です。もう部員全員がうれしくてうれしくて仕方がない、という状態でした。春の全国大会で一つでも上を目指したい、そう思いながら皆一生懸命でした。そんな中で東日本大震災のニュースが耳に入りました。私が住んでいる石川県では、少し揺れているのかなという程度でした。でも家に帰ってテレビをつけると全チャンネルが地震のことばかりでした。津波の映像もたくさん流されていました。その時初めて、この地震がどれだけ大きいものかわかってショックでした。というより驚きました。でもそれから毎日テレビの地震、津波の映像を見ると胸が痛くなるようになって、泣きながらインタビューを受ける人を見ると本当につらかったです。でも時間は止まることなく、どんどん春の全国大会が近づいてきました。そして、出発の前日に顧問の先生から話がありました。「もしかしたら中止になるかもしれない。だけど今は祈ることしかできない」と言われました。その時はまだやれるかもしれないという希望があって、次の日の出発が楽しみでウキウキしていました。その希望ともしかしたら中止という不安を持って出発しました。出発して一日目は移動先で練習だけでした。皆はもう間近に近づいている全国大会に気持ちが高まっていました。目標に向かって何かをやると本当にやる気が違うものです。そして練習が終わって片づけを済ませたころに、顧問の先生から話がありました。「大会は中止になった」。他にもたくさんの言葉はあったけれど、この言葉が頭の中をぐるぐる回っていました。「中止？　今までの練習は何だった？」こればっかりが私の中で繰り返されていました。

周りには泣いている仲間もいました。急に目標を失ってどうしてよいかわかりませんでした。気持ちを切り替えて次の県大会に向けて進めばいい、それは部員全員がわかっていたことです。でも簡単にはできずに、帰ってからもずるずると引きずっていました。そんな時、メンタルトレーニングの先生が学校に来てくれて話をしてくれました。「君たちのショックもわかるけれど、被災者のショックには勝てない。でも、君たちも震災で大会がなくなった、という被害を受けた被災者だよ。そうすると、ちょっとでも被災地の人々に共感できたり寄りそえたりできるはず。貴重な経験をできたことに感謝しないと。また夏に県で一位になって、全国大会に行けばよい」と言われました。とても心に響きました。こんな思いをしているのは自分たちだけじゃない、これ以上にひどくてつらい思いをしている人がたくさんいる。そう思うと普通に学校に通えて普通に部活ができることが、どんなに幸せなことかわかったような気がします。

被災者の皆さん。一人じゃありません。たとえ家族、友だちを亡くしたとしても、一人じゃありません。遠く離れた人たちが今も被災者の方々を思って働いています。被災者の皆さんと同じように、夢や目標に向かって毎日一生懸命生きている人がたくさんいます。つらいことがあっても何とかしよう、と頑張っている人がたくさんいます。決して一人じゃありません。今はまだ無理かもしれないけれど、心から楽しいとか幸せだ、と思える日が必ず来ます。私も夏の大会で笑えるように頑張ります。共にあきらめずに前へ進みましょう。

私たちがすべきこと

愛知県立岩倉総合高等学校三年
日比野《ひびの》 瑛美《えみ》

これは現実なのか。本当に今この時間に、世界のどこかで、まさか日本のどこかで起こっていることなのか。

三月十一日、リアルタイムで報道されるニュース。私は目の前の現実を信じることができなかった。これが現実だとわかっていても、心のどこかで必死で、うそであってほしいと願う自分がいた。高校三年生の私には受け止めきれない現実が、そこにはあったのだ。

それから毎日震災の記事やニュースを見るたびに、地震や津波の恐怖が私を襲《おそ》った。そして何よりも、大事な人の命が失われていく現実に、一番心が痛んだ。犠牲者《ぎせいしゃ》の数が具体的な数字となってどんどん増えていくのがわかり、さらに現実味を増して、私の心の奥深くに突き刺さっていった。

現実を受け入れていくと同時に、こんな気持ちが込み上げてきた。私には何ができるだろう。どうしたら日本は変われるだろう。少しでも前向きに考えることができた自分に、成長を感じた。

そう思えたのは、兄と姉の影響がある。私の兄は、地元の消防団に勤務して火災などの緊急事態のために働く消防士。そんな兄が突然、東北地方の被災地に派遣《はけん》されることになった。三月の余震も続いているころで、放射能という大きな危険もあり、私は不安でいっぱいだった。最悪の事態も頭をよぎってしまった。さらに兄には妻と二人の子どもがいる。被災地に行く本人も、そして家族も、つらくてたまらなかったに違いない。

数日後、兄がやっと帰ってきた。兄の顔が見れたこと、声が聞けたことにとても安心した。仕事の内容を聞くと、遺体の捜索《そうさく》をして、消防団として二日間で十体もの遺体を発見したという。壊れかけの飲食店で寝泊りし、レトルト食品ばかりを食べていたそうだ。それでもつらかったとは言わず、「とにかく寒かった」と言っていた。当時東北では雪が降っていたので少しは共感できたが、少しも弱音を吐かない兄を、立派で強く誇らしく思えた。

姉は一人暮らしをしながら大学に通っている。大学では、国境なき医師団に入るために看護の勉強をしている。その経験を積み国際連合に加入して、将来世界の貧しい人々のために世界で働くのが夢だ。私はそんなかっこいい姉にずっとあこがれてきた。姉が実家に帰ってきて、震災について深く語ったことがある。そこで私は衝撃を受けた。姉は大学の仲間と毎日震災の募金活動をして実際に日本赤十字社に送っていたのだ。さらに驚いたのは、その募金額が一週間で三百万円も集まったことがあるということだ。それまで駅や学校などで、わずかな金額しか募金していない自分が恥《は》ずかしくなった。

兄と姉はとても大きな存在であり、尊敬する人である。私はそれに比べ、いや比べものにならないほど、人のために行動していない。ましてや募金をしたことで多少の満足感を覚えてしまう自分に、腹が立ってしょうがない。

こんな器も存在も小さな私に、いったい何ができるのだろう。可能な限り考え出せば、数え切れないほどあるかもしれない。しかし、私には全てできる自信がない。全てできなくても、今の私にできることを少しずつ、確実にやり遂《と》げることが大事なのではないか。当たり前のように言われている節電は、自然とできるようにしたい。他にもたくさんある。むやみに情報を拡散させない、物資を買い込まないというのもその一つだ。被害の状況を知ることも、同じ日本として、世界の仲間として大切にしなければいけない。

これから私たちにできること、していかなければいけないことがある。被災した方々にもぜひしてほしいと思う。それは政治参加だ。私は二年後選挙権を得ることができる。将来選挙には必ず投票し、積極的に政治参加をしようと思っている。そして皆で協力し、私たちの手で、よりよい社会を完成させたい。そんな日が早く来ることを、願ってやまない。

感謝の気持ちを持ち続ける

安城生活福祉高等専修学校（愛知県）二年
井上《いのうえ》　菜月《なつき》

私は、ニュースを見た時に、自分の目を疑いました。まさかこんなに大きい地震が起こっているなんて思いもしませんでした。私は地震にまったく気づかなくて、のんきにDVDを見ていました。DVDを見終えてテレビをつけたら、どのテレビを見ても地震について。私はこの時、すごく申し訳ない気持ちでいっぱいでした。東北の人たちがつらい思いをしているのにのんきに過ごしていて、でも心のどこかで「よかった」と人ごとのようにもしていたと思います。

この地震が起きてチェーンメールが送られてきたりして、私は本当に悔《くや》しくなりました。こんなにひどいことをするのは誰だ、と本当にその人をうらみました。私は少しでも東北の人の助けをしたいと節電に心がけました。学校でもクラスの子たちに声をかけて協力してもらいました。でも一部の子は、このクラスだけやっても意味ないしとか、他の人がやってないんだからやらなくてもいいじゃんとか、今私たちが生きていられることが本当に感謝することなのに、それが当たり前みたいな態度で悲しかったです。でも文句を言いながら節電を一緒にやってくれたので、本当はそんなこと思ってないのかな、と思ったりもしました。

地震が起きてから気づかされたことがあります。まずは、家族や友人、先生にいつも感謝の心を忘れないことです。ケンカしてしまうのは生きているからできることで死んでしまったらできないし、今ケンカできているのも幸せなんだなと思ったことです。それと、今地震が起きたらどうすべきなのかを再確認させてもらえたことです。非常袋や集合場所など一から確認できたので本当に感謝の気持ちでいっぱいです。

今の人たちは簡単に「死にたい」「死ね」「殺す」など口にしますが、本当に悲しいことだと思います。被災地の方は生きたくても生きられなかった人がたくさんいます。なのに簡単にそういうことを言われると胸が苦しくなります。だから言葉には気をつけて話していきたいです。生きていられることに感謝し、自分に何ができるのかをしっかり考えられる人になりたいです。今できることは、募金、節電しかないけれど、やれることは全てやっていきたいと思っています。友だちが私に「この地震は私には関係ない」と言っていて、それはないでしょと思いました。この地震は、神様が国民のみんなに地球が悲鳴を上げていることを教えてくれたのではないのかと思っています。地球温暖化もこれを機会に見つめなおしていかないとだめだし、政治もいろんなことを隠していないで国民に全てを話すべきだと思います。

今生きていられること、学校に通えていること、帰る家があること。他にもたくさん感謝することが数多くあります。だから東北の亡くなってしまった人たちの死を無《む》駄《だ》にしないようにこれからの人生、大切にしていきたいと思います。被災地の人たちには、頑張って下さいとしか言えませんが、ずっと応援、支援をしていきたいと心から思っているので、日本全国で協力して大きい壁を乗り越えていけたらいいなと思っています。

今、生きていることに感謝して生きていきたいと思います。

ボランティア体験記

菊武ビジネス専門学校高等課程（愛知県）三年
菊池《きくち》　真《まこと》

私の住んでいる地域では、東日本大震災の被害は特に何もありませんでした。そんな私が大変な被害を受けた人への応援メッセージを書く。というのはおこがましいことかもしれませんが、ボランティア経験を交えての応援メッセージをつづりたいと思います。

私が被災地に出発したのは五月一日。次の平日を除けば、ゴールデンウィークと重なって長い休みになるので、事前に学校に休みの許可を得て被災地に向かいました。

ボランティア活動については、「ボランティアセンター」という、ボランティアとそれを必要とする人との仲介《ちゅうかい》をするシステムがすでにできていたので、助けに向かって逆に迷惑《めいわく》をかけるという最悪のパターンは避けられました。

しかし、素人《しろうと》集団のボランティアに任される仕事はヘドロ出しや瓦礫《がれき》の撤去《てっきょ》などの簡単な、重機一台でもあれば済む仕事でした。危険な仕事は専門職の技術者や自衛隊員が必要というのが現状でした。田んぼの真ん中で車がひっくり返っていたり、海が見えないほど港から遠く離れた場所に船が転がっているのを見ても何の違和感も感じない「被災地」を前に、私は無力だと感じました。

しかし、私はもう一つのものを感じました。それは被災者の方々の心の強さです。ある家の泥出しのボランティアの最中で、重い土をスコップで掘り出し、一輪車で運ぶ作業に疲れた私は、つい「ふぅ」と息を吐いてしまいました。それを見て家の主人は「大変でしょう」とねぎらいの言葉を言ってくれました。

普段なら「ボランティアに来たくせに何だこいつは」と腹を立てても当然のはずです。しかし、家の主人は私の身を案じてくれたのでした。

また、別の家でのボランティア活動の途中では、家の主人が差し入れとしてチョコレート菓子を私にくれました。袋を開けるとチョコの部分が溶けていました。そうです。彼らは津波に流されて冷蔵庫すらないのです。そんな人たちが、家に帰りさえすれば寝床や食べ物どころか、ゲーム機まである私のために差し入れを用意して下さったのです。私は心から感謝しました。

また、ボランティアセンターのスタッフには、通う学校を失い、死の危険と隣り合わせになりながら何とか避難できたという、私と同年代の学生もいました。彼らは決してあきらめず、復興のためにできることをしていました。私が被災したら避難施設で寝てばかりの生活をしているかもしれません。しかし、彼らはそうではないのです。

ボランティア活動として行った私が逆に勇気づけられた気がしました。彼らの、自己のためではなく周りの人のために尽くす心は、私の胸を強く打ちました。

「絶対に沈《しず》まない」と言われたタイタニック号が沈《しず》み、「絶対に安全だ」と言われた原子力発電所が爆発した今では、「絶対」という言葉に力はないかもしれません。しかし、私は、東北は絶対に復興すると思います。なぜなら、彼らは、他人を思いやる気持ちや団結力といったすばらしいものを持っているからです。

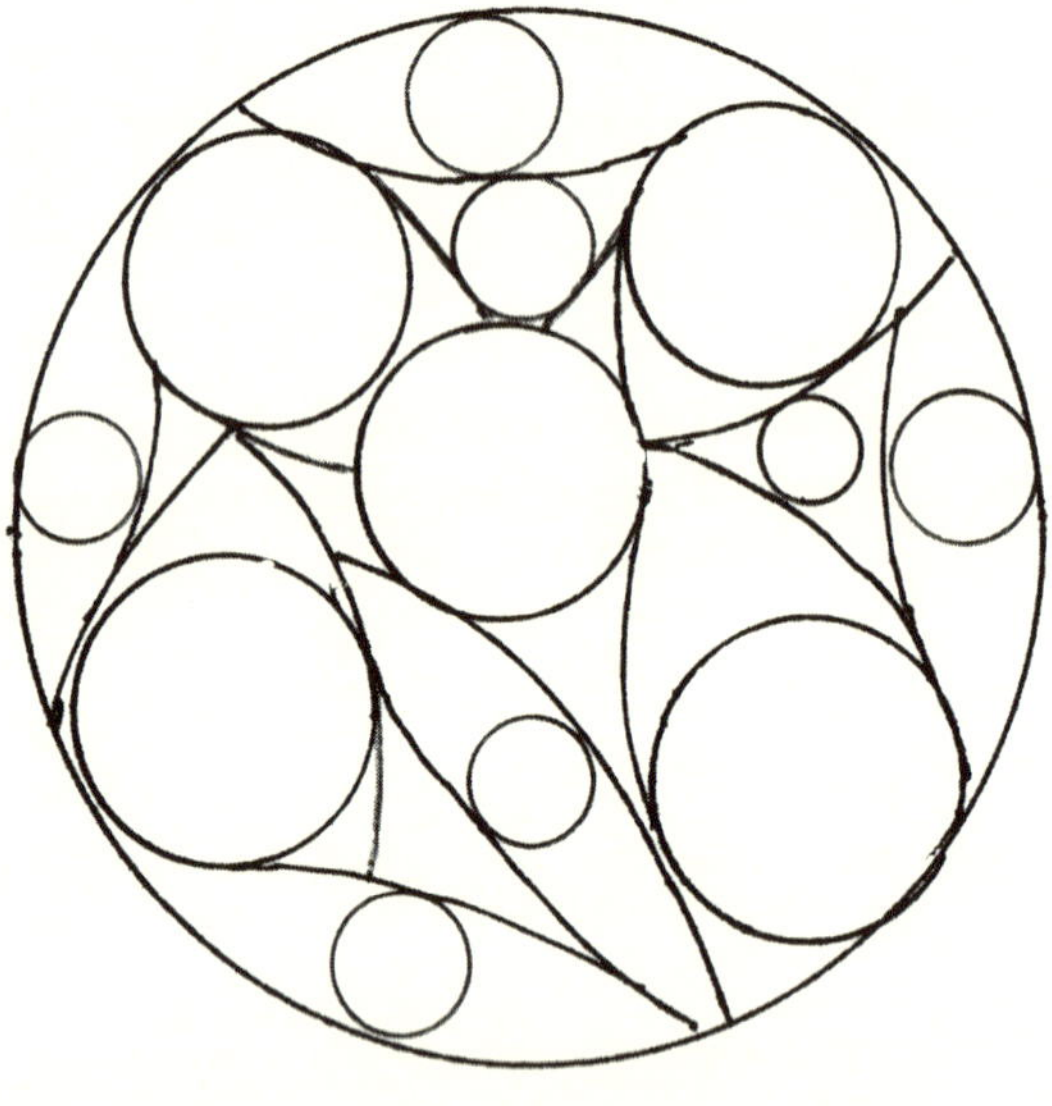

有言実行で乗り越える

藍野学院短期大学附属藍野高等学校（大阪府）一年
緒方《おがた》 杏《あんず》

今年の三月に起こった東日本大震災。その時私はまだ中学生で、大変なことが起こったとしか感じませんでした。四月になり、私は看護の勉強をする高校に入学しました。そして少しずつ看護のことを学んでいくたびに、看護の知識などほとんどなくて何もできないことを悔《くや》しく思い始めました。その時、街で見かけた、募金箱を持って募金を呼びかけている方々、そして募金をしている人。私はすぐに募金箱の方へ行き、五百円募金しました。たった五百円という少ない募金だけれど、今の私にできる精一杯のことであり、少しだけ力になれたように感じました。

その何日か後に行われた、学校の先生である山崎先生が東日本大震災のボランティアに行った時の体験談を話す講演。その中で山崎先生が言った「そこに人がいるから行く」という言葉がとても印象的でした。普通、人は他人よりも自分を優先して動いてしまうと思います。しかし山崎先生の言葉は、自分よりも他人を優先している言葉だと思います。そしてこの言葉は現地の方に「一人じゃない、日本中が頑張っている。みんなで頑張ろう」と伝えているように感じます。この言葉の通り、山崎先生は自分の休みであるゴールデンウィークの全てを使って現地へ行き、現地の方々の心のケアなどをするボランティアを行いました。今回の大地震は、大きな揺れと、もう一つ放射能という大きな問題があります。そのため現地に行けば、放射能を浴びてしまうかもしれないという危険性があります。しかし山崎先生はそれでも現地に行き、人々のために動きました。「有言実行」という言葉がありますが、山崎先生の行動はまさにその言葉にぴったりと当てはまると思います。「有言実行」は普通でも難しいことなのに、それを大きな問題を抱《かか》えながらやり遂《と》げた山崎先生は、人としてすばらしく、とても尊敬できる人です。

私はこの講演のあと、山崎先生のように、「そこに人がいるから行く」と言えるような「有言実行」の生き方を目指そうと心に決めました。それは、山崎先生の行動に感激し、何ごとも言うだけなら誰でもできるが、それをやってみることが何より大事なことだと気づかされたからです。

「有言実行」するには何をすべきか今はまだわかりません。でも何ごとも挑戦。挑戦して成功すればそれは「有言実行」。もし失敗したとしても、挑戦することに意味があると思うので、将来必ず何かの役に立つことになるでしょう。

今の日本はすごく大変な状況ですが、「有言実行」をキーワードにやっていけば、何か少しだけはよい方向に進める気がします。何ごともあきらめない、そして協力し合い支え合いながら、日本中が一つになって頑張りましょう。小さな力でもいつかそれらが集まって大きな力になります。

私は「有言実行」の生き方を目指して、看護師になるという夢を叶えます。そして、苦しんでいたり困っている人に、ケアまたは心のケアをやっていきたいと思っています。

私は日本が「有言実行」で、今の状況を乗り越えられることを祈っています。

被災地への想い、そして団結力

藍野学院短期大学附属藍野高等学校（大阪府）二年
大山《おおやま》　七海《ななみ》

「ここは一体どこなのだろう」

テレビ画面に映るのは自然の猛威《もうい》によって家が流された、がれきだらけになった町。迫りくる津波から逃げ惑《まど》う人々。私はがく然とした。

二〇一一年三月十一日、日本が揺れた。宮城県牡鹿《おしか》半島沖を震源として発生し、日本における観測史上最大のマグニチュード九・〇を記録した東日本大震災。日本中がパニックを起こした。

私は大阪にある衛生看護科の高校に通っている。私が震災が発生したことを知ったのは、その日の夜だった。テレビをつけて日本の現状を見て息をのんだ。テレビ画面に広がるのは映画のワンシーンのような光景だった。ここが日本だと把握《はあく》するのに時間がかかった。

震災が発生してからすぐに全国各地で支援活動が始まり、看護師や医師などの医療従事者が被災地に派遣《はけん》された。私の学校の教師であり看護師である先生も被災地に向かった。被災地の状況は、固い床《ゆか》に布団を敷き臥床《がしょう》されたままだったり、ずっと座ったままなどと、環境的に決してよいとは言えない状況で、またまったく知らない他人と一日中一つの場所で生活をするのは被災者にとって大きなストレスとなっていた。

私は学校の病院実習で、看護とは身体的なケアをするだけでなく、精神的なケアを実施することが基盤となって成り立っていることを学んだ。身体だけ回復しても心が病んでしまっていては、何らかの形で自傷行為に及んでしまう可能性があったりなどして、結果的に身体の影響が出てしまう場合もある。精神的なケアを実施することによってその人の闘病意欲を向上することができ、身体の回復へとつなげていくことができる。

今、まさに被災者への精神的なケアが重点的に求められているのではないか。アスファルトに走る亀裂を修復するのも人間、人間の心の傷を治すのも人間だ。

被災地である福島県相馬郡飯舘村《そうまぐんいいだてむら》の孤立集落へ向かった先生は、ボランティア活動に行くことを決めた理由を「被災地に行くのは、そこに人がいるからだ」と言った。

先生は被災地に行ってまず、大事な家族、友人を失い、心に深い傷を負った人々の話を傾聴し、少しずつ不安を取り除いていくことから始めた。そして、「心的外傷後ストレス障害」のトリアージと、物質の支給を実施した。私は自分にできることを一生懸命やっている先生とその行動力、被災地を助けたいという強い想いに感動し、そして誇りに思った。

私はまだ、看護の勉強をしている高校生なだけで看護師ではない。だからといって何もできないわけではない。募金をすることができる。エールを送ることができる。私には、私のできることがある。

私が住んでいる滋賀県では「震災緊急対策資金」といって、東日本大震災により被害を受けた中小企業または協同組合などに融資する制度を作ったり、また私の学校の近くの中学校では生徒会が文房具をたくさん集め、被災地の学校に送ったりしている。日本が一つになって復興に向けて立ち上がっている。日本の強さは団結力だ。

私はテレビを見て驚嘆《きょうたん》した。幼い女の子が、供給されたパンを弟にあげているのだ。女の子だって空腹なはずなのに。他にも八十歳ぐらいの高齢者が、皆が気持ちよく使えるように体育館のトイレを掃除したりしていた。幼い子から高齢者までが、お互いのことを思いやる気持ちであふれている日本は本当にすごいと思った。

原発問題、政治問題といった様々な問題を今、日本は抱《かか》え込んでいる。でも明けない夜はない。心にいつも希望を持ち、復興のために一人一人ができることを考え、皆で手をつないで日本を再建しよう！　目指す光は一緒やで!!

今の自分にできること

藍野学院短期大学附属藍野高等学校（大阪府）二年
宮川《みやがわ》　美智子《みちこ》

「大阪で起きんでよかった」

私は、三月十一日の東日本大震災の事実を知った時、そう思ってしまった。それは、私だけでなく、被災地以外のたくさんの人が思っただろう。なぜならば、人間の心理として、〝自分でなくてよかった・家族が無事でよかった〟と思うことは仕方がないと思うからである。

しかし、そのようなことを思ったとしても、被災地の状況や被災者の方々の姿を見ていると〝こんな自分でも何かできることがないのか〟と思い、少しでも力になれることはないのかと考えた。

その中で、言葉に出したり、考えたりすることは簡単で誰にでもできることだと思ったが、それを行動に移すことがどれだけ大変なことなのか身に染みてわかった。

私は〝自分でもできる事〟は何なのかを考えている時に、〝今被災者の方は何を求めているのか、何を必要としているのか〟を知らなければ何も始まらないことに気がついた。むやみやたらに行動するのではなく、情報収集を行うことが大切なんだと思った。

私は、実習に行かせていただいている時に患者さんのケアをさせていただいた。その時にその患者さんのことをよく観察し、情報収集を行い、今の自分にできる最大限のケアを実施した。

私がこのことを思い出したのは、〝被災者の方に何かできることはないのか〟と思うことは、看護師が患者さんにケアを行う際と同じだということにたどり着いたからだ。

なので、患者さんにケアを行う時のように自分自身のできる最大限のことを行うことが、今の自分にできることだと思ったのだ。

私は、ボランティア活動を行っている人や募金活動を行っている人、被災地に自ら足を踏み入れ援助を行っている人などは、思うだけでなく、考えたことを行動に移せるという行動力を持っているんだなと思い、本当にすごいなと尊敬するばかりである。

今現在、日本中だけでなく、世界中が東日本の被災地の方々のために動いている現状を見て、人々の暖かい心や助け合いの心が、犯罪などの多くなってきた世の中でも、まだ、残っていたんだなあと思うと、自分自身も暖かい心になれた。

そして、そんな心の持ち主がたくさんいるのなら、震災があった今のように動け、助け合えるのなら、このような時だけでなく、世の中の尽きない戦争問題や難民の子どもたちにも目を向けてほしいと、私は感じました。

だから、何ごとに対しても、自分なりに行動できる人間になりたいと私は思う。

スポーツの夢

大阪府立香里丘高等学校三年
石井《いしい》　雅子《まさこ》

　震災が起こって少ししてから、クラブの試合のために代表者会議がありました。まず会議の前に、その会議の責任者の先生から話がありました。「皆さん、まず代表者会議を始める前に黙とうしましょう」と言い、参加していた私たちは数分黙とうしました。黙とうが終わると先生が一つ話をしてくれました。「今回の試合は皆さんも知っているように、勝ち進むと大阪・近畿・インターハイへと続く試合です。少しでも上に行けるように頑張って下さい。この試合とは別に、もうすぐインターハイがあります。全国から来た人たちが九州で試合をします。けど、震災のせいで、被災地に住んでいたある選手は家もつぶれ、今、地元の中学校に避難し、そこで一生懸命、他の人たちのために朝から晩まで働いています。試合はもうすぐですが、もちろん練習することなんてできないし、場所もありません。皆さんは、同じスポーツをしている仲間としてどう思いますか？　試合の日程は変わりません。ある県の選手は、試合の二、三日前に会場に行きそこで練習をし、試合に出るそうです。もう一つの県の選手は棄権することにしたそうです。直接は関係ないけれど、その選手のためにも今回の試合、頑張って下さい」という話でした。

私は、その話を聞いて同じ日本に住んでいるのに普通にテニスができて試合のために頑張っている。そんなに大きな試合ではないけれど被災地の人たちの分まで頑張りたいとさらに思いました。そして、ふと思いました。

その大きな試合の優勝候補が被災地の人だったら、もしプロを目指していてこの震災のせいでその夢がつぶれてしまったら、それは誰かのせいにもできないし誰かに責任をとらせることもできない。

この震災のせいで数えきれないほどの人たちの夢がつぶれたと思います。その中には、若い人たちが将来プロを目指している人がいると思います。震災はスポーツする場所も、夢も何もかもつぶしてしまいます。でもそこであきらめずに、この震災で悔《くや》しい思いをバネにして復興した時には、もっともっと上手になって下さい。夢はあきらめなかったら必ずできると思います。私も絶対に夢をあきらめないのでお互い頑張りましょう。

空のこと

大阪府立香里丘高等学校三年
大谷《おおたに》 桃子《ももこ》

私の今の席は窓際で、天気のいい日、特に五限の時なんかにチラリと窓の外を見ると、どこまでも青い空に雲が浮かんでいて、自分のいる場所がわからなくなるほどに、空は広いと思う。汗をかいた時に、通りすぎる風は優しいと思う。肌を焼く日差しは、強いけれど背を押してくれる。木陰はいつだって穏やかだ。私の住んでいる街は大阪で、ずいぶんと都会のような気がしたりするけれど、私の家は夏になると百足《むかで》が出るし、いつだって部屋の中に蛾《が》がいるし、車はめったに家の前を通らないし、休みの日は早いうちから子どもがうるさい。アスファルトに落ちた汗がじんわり乾いていくのも、ゆっくりな気がする。コンビニは遠い。いつも、手荷物ばかりが多くて私はガッカリする。自転車のカゴに目一杯の荷物を積んで坂道を登ると、少し目線が高くなったような気持ちで私は空を見る。昨日見た空は、夕暮れのやわらかいピンク色が、少しずつ昼間を飲み込み始めて、浮かんでいた雲なんて、ネイビーだったりオレンジだったりで、今すぐ空を割って神様が降りてきても何も不思議じゃなかった。制服姿で立っている私の方がよっぽど不思議だった。なんだか泣けてきた。涙が出たから、お茶を飲んで帰った。窓から見る空は四角い。一歩でも窓の外に出ると空は限りない。どこにでもつながっていると言うけれど、本当のことだと思い知る。例えば、友だちのいる街と。紛争の絶えない国と。震災で苦しむ場所と。私は国を動かせる力はないし、今すぐ走っていって誰かを救えることもできない。あきらめているわけではないのです。私の言いたいのは、私は夢を持っています。夢を持っていて、毎日努力をして生活をしています。その夢を叶えることをあきらめてもいません。空はつながっていて、どこかの空の下で私が想っていることは、また別のどこかで他の人が想っていることのような気がするのです。だって空はつながっているから。私が昨日見たキレイな空は、巡り巡って、他の誰かも見るはずなのです。その空を見ている私の気持ちも、つながるはずなのです。私は震災地へ行って、被災者の希望になることはできません。だけど私が希望を持ち続け、夢を持ち続けるなら、被災者の人たちの夢も希望もなくならないと思うのです。だから私はこの空を大事にしたい。この気持ちを大事にしたい。だから私は一生懸命に生活します。今日も。

がんばろう日本

和歌山県立那賀高等学校一年
呉《くれ》 風征《ふうせい》

三月十一日、日本中を大きな悲しみが襲《おそ》いました。テレビに映し出されるショッキングなんていう言葉では言い表せないような映像の数々に、僕のまだ未熟ながらも十五年間かけて築かれた価値観や物の優先順位、全ての基準は一瞬にして根底からくつがえされました。

両親が津波で行方不明になってしまい一人きりの幼稚園児の女の子。唯一残った二階に取り残されて身動きがとれなくなり、ひたすら救助のヘリを待ち続ける老夫婦。飼い主を探し求めて街中を歩いて探し回る犬。まだ中学生だった娘の死体が見つかり涙を流しながらお母さんが言った「よかった」の言葉。このような場面を見るたび、もうあの日以前には日本中が戻れないと思うたび、言いようのない寂莫《せきばく》の想いが僕の胸を締めつけて、心が痛みます。

日本中が悲しみにあふれる中、僕は一つのウェブサイトを見つけました。そのサイトの名前は「PRAY FOR JAPAN」。日本のために祈りを、と題されたそのウェブサイトには、海を越えて世界中から届けられた日本へのメッセージが集められていました。「マグニチュード九・〇。世界最大級となったのか。じゃ、今後復興のためのエネルギーも愛も、世界最大級にしなくちゃ」「暗すぎて今まで見たことないくらい星がきれいだよ。仙台《せんだい》のみんな、上を向くんだ」「ホームで待ちくたびれていたら、ホームレスの人たちが寒いから敷けって段ボールをくれた。いつも私たちは横目で流しているのに。あたたかいです」。ページをめくるたびに涙が止まらなくなりました。マスコミや世界から何と言われようと、日本という国はやはりすごいんだ、みんな心が温かいんだと思いました。地震のせいで見えなくなったこともあるけれど、地震のおかげで見えたこともある。きれいごとだと思われるかもしれないけど僕は本気でそう思っています。

震災後初めて放送されたバラエティ番組には、予想通りたくさんの苦情や批判が押し寄せたけれど、それと同時にすごい視聴率だったという話を耳にしました。あの時は日本中がパニックになっていてみんなが不安だったけれど、だけどみんな笑いという安心を求めていてその結果の一つが視聴率というものに表れたんだと思います。しかしこれはまだ過去のことになったわけではなくて、まだ被災地や原発の周辺住民の方たちの中には怖くて不安で夜も眠れない人たちがたくさんいて、それはテレビが映し出さなくなっても決してゼロになったわけではないこと、これはこの先何十年も続いていくこと、を日本の皆さんに忘れないでいてほしいです。これからの日本に必要なのは持続していく力だと僕は思います。たとえ芸能人がもう被災地を訪問することがなくなっても、たとえテレビが笑顔しか映し出さなくなっても、たとえ一見全てが解決したように見えても、その裏で悲しんでいる人は必ずいることをどこか心の隅に置いて忘れないように、これからも過ごしていきたいです。日本なら必ずできると思うから。

明るい未来に向けて

和歌山県立那賀高等学校一年
筒井《つつい》　菜月《なつき》

三月十一日に東北地方で地震・津波が発生しました。その日、私は友だちと遊んでいてそのことについて何も知らずに家に帰り、テレビをつけると、どのチャンネルも東北のことばかりでとてもびっくりしました。私は生まれて初めて、大きな津波が発生しているのを見て、あまりにもひどかったので、何も言えずただテレビの前で座っているだけでした。今回の震災は津波と地震ということでとても大きな被害を受け、東北の人々の悲しい姿ばかりテレビで見ていて、私はとても胸が苦しくなりました。この震災でたくさんの人々が亡くなり、そのうえ家族までも失ってしまった人がたくさんいます。食料やその他の物についても足らなかったり、住む場所もなく、毎日が安心していられない状況が続きました。私は、今の自分の暮らしがどんなによいことかよくわかりました。おなかがすいた時にはたくさんご飯を食べ、自分の住む家もあり、毎日学校に行くことができ、自分のやりたいことをするなど、本当に幸せだなと思いました。私は毎日勉強と部活をしていて、もう嫌だと逃げ出してしまいたい時があります。でも、そこで逃げ出してしまうと、その先には何もありません。一生懸命努力し、最後の最後まであきらめずに頑張る者だけにしか明るい未来が待っていないのではないかと思い、今の自分にできることは何ごとにも前向きに頑張っています。私は高校に入って初めてテニス部に入り、他の人と比べてまだ基本もあまりできていなくて、この間、初めて大会に出た時も負けました。でもその悔《くや》しさが次につながり、一つ一つの練習をしっかりと集中し、次の大会でその努力の成果が表れるように頑張っていきたいです。自分は何もできないと最初からあきらめず、自分がその一つ一つのことにどれだけ努力するかで、結果が変わってくると思います。勉強の面でも、私自身、まだ足りていないことがたくさんあります。しかし、一度失敗することで、次はどのようにするべきかということがわかり、その積み重ねで、新しい自分を作り出せると思います。私も明るい未来を作るために、自分が今、何をしなくてはならないのかということを常に考えています。将来に向けて日々こつこつと頑張りたいです。そして、よい結果を生み出したいです。東北のみんなも今は一番つらい時だと思いますが、互いに協力しあい助け合いながら、明るい未来を作りあげていってほしいと思います。次に進まなければ何も変わらず今のままだと思います。小さなことから少しずつ前に進み、以前のような東北の姿を取り戻してほしいと思います。やるだけのことをやれば、自分自身にも強い力がつき、よりいっそう次に向けて頑張ろうという思いが生まれ、それが次へ次へとつながり、行き着いた先には、今まで以上の喜びや、感動があると思います。私も東北の人たちと一緒に、一歩一歩進んでいきます。今から結果ばかり考えずにやれることが一つでもあるのなら、それについていてしっかりと、くいのないよう頑張ります。みんなで明るい未来を作っていくことが今の私の望みです。

支え合い

和歌山県立那賀高等学校一年
中島《なかじま》　咲良《さくら》

　私は東日本大震災のニュースを見てとても悲しくなりました。そしてたくさん涙しました。今まで生きてきてこんなに身近に地震の怖さを感じたのは初めてでした。そして同時に津波の怖さを実感しました。私たちの住んでいる町が水没してしまうなんて想像もできません。一つ一つの家にはたくさんの思い出や愛情、絆などがつまっています。そして何より一つ一つの家族が存在しています。そんな大切な家をこの震災によって失った人々がたくさんいます。今まで暮らしてきた家族とバラバラになってしまった人もいます。私がもし被災者だったらきっと立ち直れないし、一生心に傷が残ると思います。そして家族だけでなく、友だち、恋人、先生、親戚などを失ってしまった人もいます。皆さんは想像できますか？　自分の周りに今まで当たり前にいて、昨日まで話していた人たちが次の日になるといなくなっている。とてもつらいし、信じられないと思います。

　でも、人を失った悲しみをうめるのも、人しかいないと思います。どんなにつらく、生きることがしんどくなってしまったとしてもいつかは必ず立ち直って、前を向いて歩き始めなくてはいけません。そんな時に立ち直るきっかけはやっぱり人です。こんな時だからこそ人と人との助け合いが重要になってきます。人は絶対に一人では生きてはいけません。今、生きているということは、必ず誰かに支えられています。そして知らず知らずのうちに誰かを支えていると思います。大切な人を失って自分も生きるのがしんどくなってきたら、自分が本当にいなくなったらどうなるのか考えてみて下さい。何人の人が涙し、悲しんでくれますか？　あなたはそれだけの人々に必要とされているんです。私は皆さんに生きる希望をなくさないでほしいです。大切な人を失ったのなら、その人の分まで懸命に「今」を生きてほしいと思います。

　そして夢を叶えてほしいと思います。この震災を通して、夢をあきらめかけた人もたくさんいると思います。でも逆にこの震災を通して、夢を持った人もいると思います。例えば、医者、看護師、レスキュー隊員、自衛隊など、自分の手でけがをした人を治療してあげたい、人々の命を救いたい、そう思った人もいると思います。私も二ュースを見て人の命を救うという職業にすごく関心を持ったし、すばらしいと思いました。

この震災では、つらい経験ばかりだったと思います。でも、この震災から学べることもあったと思います。家族、友だち、恋人、先生、親戚の大切さ、命の大切さ。そして支え合い、助け合うことの大切さ。

私たちに今できることは少ないけれど、小さなことでもやっていけば、気持ちはきちんと伝わるはずです。私は何度も何度も募金をしました。でも金額的にはたいしたことはありません。しかし、たくさんの人が協力して少しの金額でも募金すれば、お金も集まります。募金金額からも人の助け合いや思いやりを感じられると思います。何より被災した人々全員に一日でも早く元気になってもらいたいです。

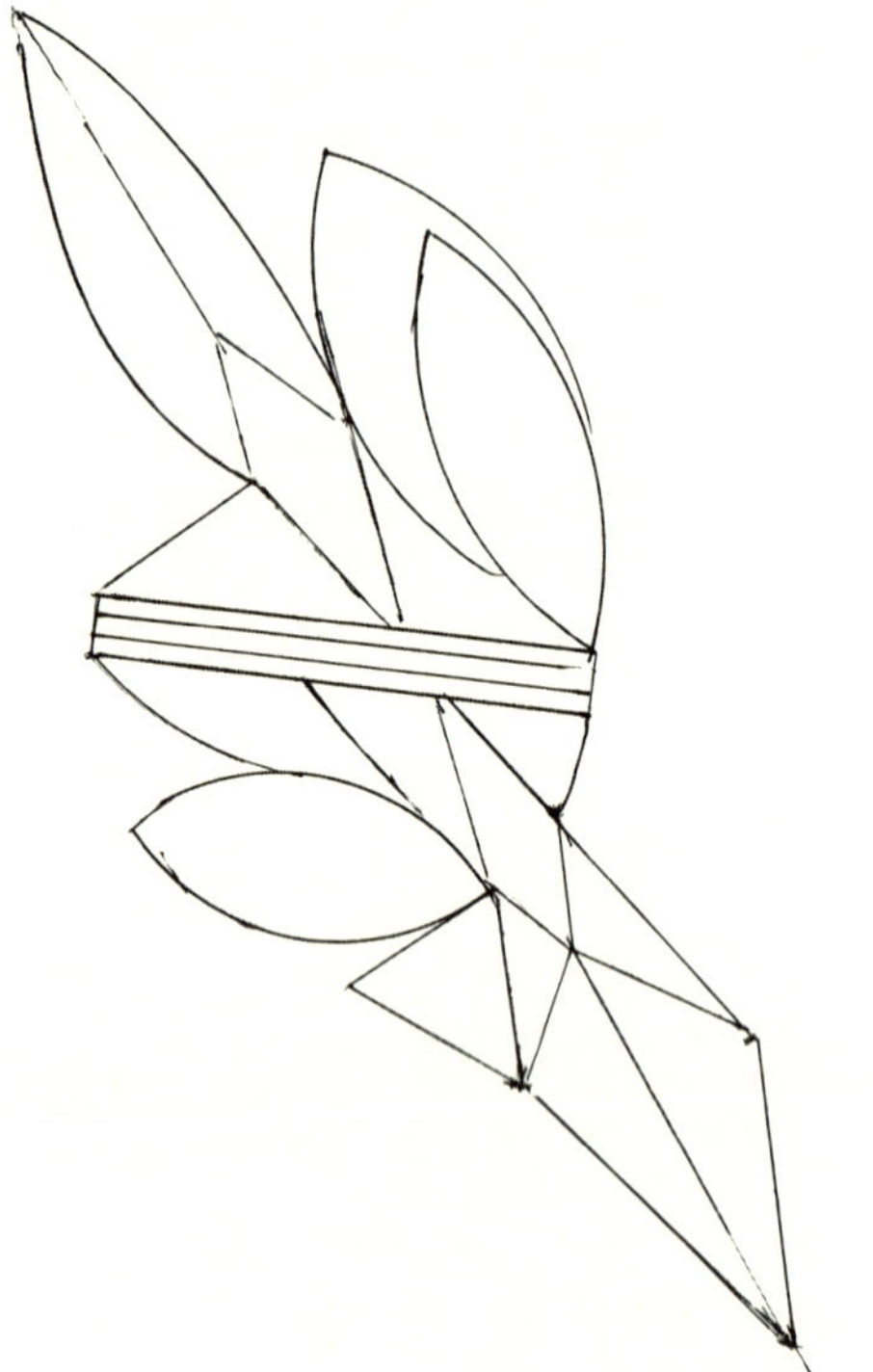

今日という日を大切に

滝川第二高等学校（兵庫県）三年
後藤《ごとう》　尚仁《なおと》

私の将来の夢は、体育の教師です。その理由は、今まで教わったことを、今度は教師の立場として教えていきたいからです。そして積極的にボランティア活動に参加しようと思っています。

私は、体育の教師になるために、勉強とスポーツを両立しています。そして寮《りょう》に入り、親元を離れて暮らしています。その理由は、少しでも自分のことは自分でし、自立したいと思ったからです。寮《りょう》では、ご飯は用意してくれていますが、洗濯などは自分でしないといけません。その中で自分はどれだけできるのか、これも寮《りょう》に入った理由です。

この寮《りょう》には、他の部活も合わせ約五十人近くの人が生活しています。その中で、一緒にご飯を食べたり、お風呂に入ったりします。共に生活するうえで、かなりコミュニケーションがとれます。どんな時でも協力し、仲がよく、僕にとって家族のようなものです。

今年の三月に、東北地方で大きな地震がありました。私はその時に寮《りょう》にいて、地震が発生してから約三時間後ぐらいに知りました。その知らせを聞き大変ショックを受けました。

僕たちは、小さいころ阪神淡路大震災を経験しています。この地震が起きた時、私はまだ一歳ぐらいだったのであまり覚えていませんが、たくさんの死者や、行方不明者が出ました。とても大きな被害をもたらしました。私は、東北で地震が起きた時、阪神淡路大震災のことを思い出しました。とても不安になり、田舎のおばあちゃんの家にすぐ電話をしました。すると、とても元気そうな声で「大丈夫だよ」と言いました。私はとても安心しました。

それから僕は、何かできることはないかと考えました。しかし、現地に行くことは無理でした。私にできることは募金することぐらいしかできませんでした。私たち寮《りょう》生は、みんなで話し合いをして、色々な意見を出し合いました。そして積極的に募金活動に取り組みました。その後、サッカー部も近くの駅などで募金活動を始めました。集まったお金は、ほんの一部の足しにしかならないと思いますが、私はやることに意味があると思いました。

町ではたくさんの人が募金活動をしていました。この時私は、このようにいろんな人が協力してくれる人を見て、日本はつながっているんだなと強く感じました。そして人とのつながりというものを学んだような気がします。

現在、地震が起きた場所ではまだ復旧作業は続いています。なので、引き続き募金活動を行い協力しようと思います。

私は体育の教師になり、今回学んだ「人との関わりの大切さ」や「感謝することの大切さ」などを、積極的にみんなに伝えていき、人の役に立ちたいと思います。

私は教師になるために、どこの大学に行くのか、どのような勉強をしたらいいのかなど、積極的に調べたりしています。時々わからないことがあったり、逃げ出したいという気持ちになる時があります。しかし、私は逃げ出したりしません。地震の被害にあった人たちが必死に闘っている姿を見ると、そのような甘い気持ちを持っている自分が小さな人間に思えます。なので私は「あきらめる」という言葉が嫌いです。なので被害にあった人たちには絶対にあきらめてほしくありません。

私たちにできることは限られていますが、一日一日を大切にし、無駄《むだ》のないように懸命に生きたいと思います。そして日本は一つだということを信じ、お互い夢に向かって頑張りましょう。

東日本大震災が私に与えてくれたもの

滝川第二高等学校（兵庫県）三年
西尾《にしお》　賢《けん》

私は小さいころに阪神淡路大震災にあった。その時のことをあまり覚えてはいないが、当時とても大好きだったひいおばあちゃんが亡くなってしまった。写真や映像であの日のことを何度か見たが地震の恐ろしさを忘れることはできないだろうと思う。

二〇一一年三月十一日、私がいつものように部活を終えて家に帰ると母がテレビを見ていた。私も何気なくテレビを見ていると、見慣れない光景、なぜか建物や車が濁《だく》流《りゅう》に流されている映像が目に飛び込んできた。詳しく見てみると東日本での大地震。阪神淡路大震災を大きく超える震度七や八。しかも今回の地震の恐ろしいところは揺れだけではなく、とても大きな津波が襲《おそ》ってきたことだった。私の頭ではまったく理解することができなかったが、民家や車が次々と流されていくというような状況を目の当たりにし、本当に目を疑う気持ちだった。夜になっても太平洋側全域に津波警報が出ていた。今回の東日本大震災は信じられないことの連続で、今までの常識はまったく通用しなかった。

私のいとこは関東に住んでいた。テレビで地震を知ってからすぐ、いとこの家にも携帯電話にも電話をかけてみたがまったく出なかった。その日の夜にはかかってきたが、交通渋滞などとても大変だったという。何日か経つと、町中の食糧もほとんどなく、何度か送ったりもした。計画停電などの被害も受けてとても苦労していた。

各界の有名人はすぐに募金などの色々な活動をしていた。その中でも自分が一番印象に残っているのは、プロゴルファーの石川遼プロだった。彼は地震が起きてすぐ、今年獲得した賞金を全額、そして一バーディーにつき十万円を寄付することを宣言した。自分とはたった二歳しか変わらないのに、そんなに大きな寄付ができるのはとてもすごいことだと思った。

私は今でも神戸《こうべ》に住んでいますが、十年近くかけて神戸《こうべ》の街は復興しました。おばあちゃんの家も全壊、私の家も半壊しましたが、もう完全復活しました。ひいおばあちゃんを亡くしたという悲しみが消えることはありませんが、私は今日も元気に生きています。なので、今回被災された東北の方々もいつかは前に進むことができるので、

決して あきらめずに笑顔でいて下さい。
　自分には何ができるのか。今自分ができることは募金などほんのささいなことだけだと思いますが、少しでも協力していきたいと思っています。阪神淡路大震災の時にたくさん助けていただいた分も、今回は自分たちが助ける番です。私は東日本大震災を機に、自衛隊という職業に興味を持ちました。できれば将来、自衛隊員として被害を受けている所に行き少しでも協力することができればうれしいです。これからもっと国に貢献できる人間になれるよう、がんばっていきたいと思います。

復興に向けて

滝川第二高等学校（兵庫県）三年
葉田《はだ》　勇志《ゆうじ》

二〇一一年三月十一日、東日本で大きな地震が起こった。観測史上最大の大地震だった。その地震は、やがて大津波と形を変えて再び被災した地域へ押し寄せることとなった。現実離れした光景が繰り返されるニュースを見て、ただ私は唖然《あぜん》とした。遠くで起こっているこの大災害がとても現実とは思えず、映画のワンシーンを見ているかのように感じられた。「うそだろ、うそだろ」。そんな言葉が頭の中で旋回《せんかい》した。

時間が経過するにつれ被害状況が刻々と発表されたが、日本中、いや世界中が動揺していた。それもそのはずである。生きている人の中にこれほどの津波を経験した人がいないのだから。

テールランプが点灯したまま浮かぶ多くの車、ビルに突き刺さっている船舶《せんぱく》、流されつぶれていく家々。痛ましい光景が次々と放映され始めた。いったいどうなったのだろう。どのくらいの人が被害を受けているのだろう。まったく予想もつかない。

私は、地震を経験したことがない。いや経験したが記憶がまったくない。平成七年、阪神淡路大震災が早朝に起こった。当時、まだ物心つく前の子どもで何も覚えていない。復興がずいぶん整ってきたころに地震のことを聞いて想像するがこれも現実味がない。

この震災もかなりの被害を出し多くの命が奪われた。父の職場も崩れ、救助の手伝いに、父は何日も帰宅できなかったと後から聞かされた。しかし、今の神戸《こうべ》は、震災の跡形もわからないくらい復興を遂《と》げている。

今回の被害状況は阪神淡路大震災の時とは違い広範囲に及んでおり、復興にはかなりの時間がかかりそうなことは、私にでも想像がつくところである。しかし、次第に笑顔や活気が戻ってきている状況が映し出され始めている。やはりそこには誇り高き日本人の姿がある。協力し合い助け合い、共に嘆き、悲しみを理解し合い、時間が経つにつれ強くなっていく人々がいる。特に子どもたちの笑顔や元気な姿は、被災した人たちの明日への原動力になっているように見える。

救助や被災をしていない私がこのようなことを言うのはおこがましいですが、将来を悲嘆し、自ら命を断つ方がおられます。どうか救われた命を志半ばで亡くなった方たちの分も生きていただきたいと思うばかりです。私にはわからない怖くつらいことの連続だった、いえ現在も状況はさほど変わらない方もおられるとは思いますが、前を向いて進んでいただきたいと思います。

かつて楽しい日々を過ごした街並みや、知り合い、友人、そして自分の家族が地震と津波により一瞬にして奪われ、ましてや遺体ですら発見されない事実に、計り知れない喪失感を抱《いだ》かれていると思います。

しかし、このままでは悔《くや》しいじゃないですか。この震災は、私たちに、将来のためにたくさんの課題を残して行った。その「課題」、見事に確実に消化してやろうじゃないですか。人間同士のつながりによってできること。それは計り知れなかったこの巨大地震よりも大きく強いものであることを証明していこうではありませんか。

信じる力

滝川第二高等学校（兵庫県）三年
平野《ひらの》 貴大《たかひろ》

二〇一一年三月十一日、東日本大震災が発生しました。その時、僕はラジオを聞きながらくつろいでいました。そのラジオからそのニュースを聞きました。はじめは、「東北でえらい大きい地震があったんやなあ」くらいにしか思っていませんでした。しかしテレビをつけると、僕は今まで見たこともないような津波が町を飲み込んでいく光景を目にしました。あまりの衝撃に僕は絶句してしまいました。そして、津波に飲まれた町は跡形もなく消え、多くの人々の命を奪っていきました。

僕は兵庫県神戸《こうべ》市に住んでいます。一九九四年一月十七日午前五時四十六分、阪神《はんしん》淡路《あわじ》大震災が発生しました。僕はまだ赤ちゃんだったので、その時のことはまったく覚えていませんが、とても大きな揺れで、家の壁にはひびが入り、皿は食器棚《しょっきだな》からほとんど落ちて壊れてしまったそうです。幸い、僕と両親は無事だったのですが、祖父を失ってしまいました。町もビルや高速道路が横倒しになったり、火事が起きたりして、多くの人々が命を失いました。ライフラインも寸断され人々は生活が困難になり、絶望していました。そんな時、救いの手をさしのべてくれたのは、東北の人々をはじめとする日本中の人々、さらには世界中の人々でした。たくさん義援金や支援物資を送ってくれたり、がれきの撤去《てっきょ》作業など様々なことをして下さいました。そのおかげで、今ではそんな大災害が起こったとは見当もつかないほど復興し、僕たちも普通に生活することができているのです。

今度は僕たちが恩返しをする時です。僕には募金をしたり応援したりするくらいのことしかできませんが、同じ震災経験者として何か通ずることがあると思います。東北の被災者の若い方々の中には「仕事もないしどうやって生きていけばいいんだ」と悩んでいる人も少なくないと思います。確かに雇用関係の悪化は否めないかもしれません。でも、今必要なことは、東北はきっと復興して、必ずもとの東北に戻るんだと「信じる」気持ちです。

「信じる」気持ちを忘れなければ必ず復興でき、雇用関係も回復し、もとの活気あふれる東北に戻るにちがいありません。

大丈夫です。僕らが、日本のみんなが、そして世界中のみんながついていています。まだ今も、避難所や仮設住宅で自由にガスや水道、電気を使うことができない厳しい生活を強いられ、未だ収束の見通しが立たない原発問題に気が気でない方々もたくさんいると思います。しかし、日本の力を信じましょう。日本は地震や津波で崩れ落ちるような国ではありません。日本は強い国です。きっとこの困難も乗り越えられます。僕はたやすく「がんばれ」と言ってよいのかどうかわかりませんが、東北完全復興が実現する日までずっと、ずっとエールを送り続けます。東北が、日本が、そして世界が一丸となってもうひと踏ん張り、がんばりましょう。それぞれの持つ夢を忘れず、共に信じましょう。

道

滝川第二高等学校（兵庫県）三年
古谷《ふるたに》　未沙貴《みさき》

たくさんの人が亡くなり、日本中の人々を恐怖におとしいれた東日本大震災。人の命や物だけでなく、人々のその後の生活にも大きな影響を与えました。工場や会社がつぶれてしまったり、物が売れなくなり生活が苦しくなったり、職を失った人もいると思います。しかし、その原因が東日本大震災ともなれば、再建復興にはとてつもない時間が必要になると思います。

「自分のやりたいこと」「人の役に立つこと」「自分の技術を活かせること」など仕事に求めるものは、人それぞれ違います。それぞれの想い、仕事への夢、希望といったものが、今のままでは地震によって失われてしまうかもしれません。私は、生きることへの意欲だけではなく、働くことへの意欲、社会生活を送る意欲の灯を消してはいけないと思います。

働くということは生きる力にもつながることだと思います。きっと今、被災地の人々は、私たち以上に「何かしなければ」「働かなければ」と強く感じているはずです。そんな今だからこそより早い復興が求められているのではないでしょうか。

以前、「職業」という内容についての講演を聞いたことがあるのですが、職業には働く人自身が「天職」と感じられるものと「適職」と感じられるものがあるそうです。「適職」というのは、その仕事によって主に日々の糧を得るもので、「天職」というのは、その仕事をすることで主に「生きがい」「やりがい」「人の役に立ちたい」というその人の思いを実現に導く職業だそうです。

震災後、「何かしたい」「働きたい」「人の役に立ちたい」という思いを抱《かか》えた人が増えている今だからこそ「適職」が「天職」になるチャンスなんだと思います。わかりやすい例で言えば、「ボランティア」です。ボランティアは仕事とは少し違いますが、「何かしたい」「人の役に立ちたい」といった思いがある「天職」だと思います。このような「天職」は簡単に見つけることのできるものではないかもしれないけれど、「働きたい」「人の役に立ちたい」という気持ちがあれば必ず見つけられると思います。

震災によって、仕事を失った人、また今まで以上に過酷な労働条件の中、仕事を続けなければならない人が、きっと今もまだ増えていると思います。その人たちが「天職」と出合い、幸せな生活を送れる日が一日も早く来るように願わずにはいられません。

私は一歳の時、阪神淡路《はんしんあわじ》大震災を経験しました。その時のことは正直ほとんど覚えていません。そして、今の神戸《こうべ》の町を見て震災を感じる部分もほとんどありません。それは十七年をかけて神戸《こうべ》を復興してきたからです。今回の東日本大震災で多くの人が亡くなりました。人の命は戻ってきません。でも壊れたものは直すことができます。壊れた生活も戻すことができます。今の神戸《こうべ》を見て私はそう思います。だから、被災地の人々には生きる意欲も働く意欲も社会生活を送る意欲も失わないでいてほしいです。人は、人が作った道を歩くこともできるけれど、見つからなくなったら自分で作ることもできます。神戸《こうべ》の高速道路だって今は元通りになり、みんながその道を通ります。今は道が見えないかもしれないけど、自分で作った道が、復興してできた道が、これからの道になります。だから決してあきらめないでほしいです。必ず町は元通りになり、道はできるから。

今、私たちにできること

岡山県立岡山南高等学校三年
中田《なかだ》　大貴《ひろき》

二〇一一年、三月十一日の十四時四十六分にマグニチュード九・〇、最大震度七の大地震が、宮城県を中心とする東北地方で起こりました。大地震での死者の数は一万五千人を超え、今も行方がわからない人が多くいます。誰もの心に強く印象づけられています。地震発生後、日に日に多くなっていくテレビのニュースや新聞一面に載る写真などは、全て悲しく、目をそむけてしまいそうな悲惨《ひさん》な内容ばかりでした。家を流され、家族を失い、泣いている人たち、大津波でその地域の全てを流されて悲しんでいる人々など多くいました。そのどれもがみんな信じたくないけれど、しかし、受けとめなければいけない現実でした。

このような信じたくない現実にも、絶対に目をそむけず、大震災に立ち向かおうとする被災者の声などをニュースや新聞で、目にするようになりました。

これは今回の大震災による大きな影響を受けた、東北地方の宮城県にある高校野球部の話です。この高校はニュースや新聞にも大きく取り上げられて、話題となった、気仙沼《けせんぬま》にある高校です。この高校の一番を背負っているエースの発言ですが、僕の心の中に強く印象に残っています。この高校の体育館などが被災者の避難場所となり、野球部の人たちは野球の練習と、被災者への水くみのボランティアを両立していました。野球の練習と水くみのボランティアを両立しながら、野球部のエースはこのように言いました。

「普通に野球ができる喜びを感じています」

と言っていました。

僕も今、野球部に所属しています。顧問の先生方にも、家族や周りの応援してくれている人々にも感謝をするようにということは、ずっと言われ続けてきました。しかし、自分たちの町があのような状態になり、今まで当たり前のようにできていたことが、当たり前にできなくなっているからこそ、どんな人々にも感謝しているのだと、僕は思いました。

「町が落ち込んでいる中で、『応援している』と言ってくれる人がいる。甲子園に行きたい」
と最後には言っていました。この高校だけではなく、大震災の影響を受けた他の高校も、どんな状況であろうと、たった一つの目標に向かっている姿勢に、僕はとても心を打たれました。高校野球は、日本を元気にし、活気が出ると思います。けれど、高校野球だけでなく、何かの目標に向かって努力している人たちの姿というのは、誰しも元気にし、勇気づけてくれるものだと思います。被災者の人たちは、とても明るく、とても元気です。

今、私たちにできること。

僕たちにできることは、被災者たちをかわいそうなどマイナスなことを思わないこと。それは、被災者の方たちは、悲しいけれど、前を向いてがんばっているのにも関わらず、何も被害にあっていない自分たちがそのようにマイナスなことを言ったら、被災者までがんばろうという気が失せてしまったりしてしまうからだ。そして、自分たちが今、何ができるかを考え、その自分が思ったことを行動に移していくことだと僕は思います。

千二百キロの友情に支えられた「がんばろう！」

山陽女子高等学校（岡山県）二年
南《みなみ》　いくえ

「全国のたくさんの学校から『交流しよう！』という手紙とかメールもらったけど、ホントに来てくれたのってあなただけなんですよ！」

七月中旬、被災地の学校を訪問した。移動距離千二百キロ。なぜ、こんなに遠くの学校を訪れることになったのか。

三月の震災後、街のあちこちでは募金箱が見られた。どんなイベントにも「震災チャリティー」という言葉が冠《かんむり》についた。「がんばろう！」が合言葉。私はその思いに応えるべく募金に協力した。次の日も入れた。また次の日も。疲れた……。募金に疲れた。私のお金は実際、どの人に渡っているの？　被災地から遠く離れた西日本の岡山に住む私たちの生活は地震が起こる前も後もほとんど変わらない。不謹慎《ふきんしん》と思われても仕方ないが、先の見えない支援に疲れてしまった。実際に地震から一か月も過ぎたころ、クラスで地震の話題はほとんど出なくなってしまった。でもこれでいいの？　まだ地震の被害で困っている人はいくらでもいるんだよ？　次第にわき出る疑問。

四月下旬のホームルーム。九月に行う文化祭の出し物についての相談を行った。私は、「クラスでできる震災被害者の支援」を提案した。西日本で知られていない東北の特産物を紹介し、販売して経済支援を行うと同時に、遠い被災地をより身近に感じてもらうために「東北物産展」を開催するのだ。

五月、早速行動開始。東北の特産品調べを始めた。東北の人、特に私たちと同世代の人の声が欲しかったので、福島、宮城、岩手県の約五十校の高校に「あなたの県のオススメは何ですか？」というアンケートを送った。戻ってきた回答をみると、どの学校の皆さんも丁寧《ていねい》に書いてくれている。私たちの企画に対するメッセージもたくさん同封されていた。その中にガツンと来た一文を見つけた。「日本を一つに、とか、がんばろう、とか声を聞きますが、正直、西日本の人どう思っているのですか？」こちらの意図を見透かされたような言葉だった。私たちの自己満足でこの企画は進められない。そうだ、物産展で紹介する商品をこの目で見てこよう。東北に行ってみよう。ガツンと来た、あの文を寄せた高校生に会ってこよう！

目的地は岩手県。その高校では、地元産の原料を使ってオリジナルのブルーベリージャムを製造、販売している。私たちと同じ高校生の作る被災地のジャムを岡山で紹介したい。

千二百キロの道のりのゴールである校門をくぐると、飛び込んできた光景に驚いた。校舎や体育館が崩壊し、立ち入り禁止のロープが張り巡らされてある。かろうじて使える校舎に案内される。「全国のたくさんの学校から「交流しよう！ と手紙とかメールもらったけど、ホントに来てくれたのってあなただけなんです！」。とびっきりの笑顔で言われた。しかし、ブルーベリージャムの話になると顔がくもる。そちらの先生のお話によると、地震の影響で製造設備が壊れてしまったそうだ。例年なら七月には製造を始めているが、今年はその目途《めど》がついていない。重い沈黙《ちんもく》。その時突然、私たちにメッセージを寄せた生徒が、

「先生、私たちがジャムを作ります、いや作らせて下さい。壊れているなら別の場所を借りましょう。作業の遅れは夏休みに一人三倍動けば取り戻せます！ せっかく遠い岡山から来てくれたんです。その気持ちに応えられなくてどうするんですか！」

涙が出てきた。何だろう、この気持ちは。被災地の方を励ましに行くつもりが逆に

励まされてしまったようだ。別れ際、お互いに「がんばろう！」を言い合った。

九月の文化祭、私たちはこの目で見てきた東北の現状と、出会った高校生の熱い思いを胸に抱《いだ》いて物産展を開催する。もう上辺だけの「がんばろう！」じゃない。物産展の成功は千二百キロの友情で結ばれた「がんばろう！」に支えられている。

思いやりの心

熊本県立玉名高等学校一年
小川《おがわ》　桃佳《ももか》

人間は無力だった。人間は決して一人では生きていけない。そんなこと、当たり前だと思っていた。しかし、人間は忘れていく生き物だ。当たり前のことは当たり前すぎて忘れていってしまう。電気がつく。テレビが見られる。学校に行ける。家族がいる。そんな私たちの身の回りにある幸せを、これまでにどれだけの人が「幸せだ」と感じながら生きてきたのだろう。おそらく、ほとんどの人が幸せを当たり前のことだと感じていただろう。私もそのうちの一人である。

今年、三月十一日。東北地方で大地震が発生した。今まで見たことがないような映像に思わず目を疑った。なんと言っても、物を、建物を、街を飲み込んでいく津波。海の近くに住んでいる私にとって、他人ごとでは済まされない光景だった。もし、これが熊本で起こったらと考えていると、思わず涙が出た。怖いと思った。それを実際に体験した人々はいったいどういう気持ちなのだろう。きっと、続く余波の恐怖と見えない明日への不安を抱《いだ》いているだろう。しかし、私がテレビで目にしたのはそんな人の姿ではなかった。

私がまず驚いたのは、福島県で被災した男の子の映像だった。その子は本当だったら、今年の四月から小学生になるはずだった。しかし、あの地震で小学校に通うどころか、家も母親も失い、ある避難所で父親と一緒に生活をしていた。そんな小さな男の子が、その避難所で人々に混ざって食べ物を配る手伝いをしていたのだ。学校に行くことも、母親に愛してもらうこともできないつらい状況なのに、他人に対して思いやりの心を持っている。自分にできることを一生懸命にやっている姿に感動した。

次に私がすごいなと思ったのは、私たちと同じ高校生の話だ。その高校生は神戸《こうべ》に住んでいて、阪神淡路大震災を体験していた。まだ幼い彼を育てるために、彼の母親は日本中の人々からたくさんの援助をしてもらっていたと話していた。「次に私たちが助ける番。ここの代表として、たくさんの人の手助けをしておいで」と彼に話していた。そして彼は同じ高校の生徒たちと共に、被災地へボランティアへ行った。私は同じ高校生としてこのことを誇りに思うべきだと思った。何かをしたいと思う気持ちは私たちも同じである。しかし、私たちが直接現地へ行くことは難しい。その中で直接被災地の人々の力になることはすごいと思った。

被災地でも、被災地以外の所でも、人を思いやる心や自分にできることをやろうとする人々の姿はすばらしいと思った。これは、日本人として誇りに思うべきものである。そして私たちが当たり前に思っている幸せが、恐ろしい一瞬で消えてしまうということ。その幸せは自分たちの力でいくらでも作っていけるということを、皆が知るべきだと思った。

あの日から約三か月。被災地の人々にとってはこれからが大変な時期だと思う。しかし、日本各地の人々が皆さんのために何かしたいと思っている気持ちを知ってほしいと思った。確かに私たち人間は無力だ。しかし、困っている人々のために自分が力になりたいという気持ちは本物だ。無力ながらにも、節電をしたり、募金をしたりという小さな努力をしていけばいいと思う。その小さな努力がいつか大きな力になるということを信じ続けることが、私たちにできる唯一のことだと思う。私も自分にできることを考え、行動していきたいと思う。皆の思いやりの心で日本が一つになり、いつか東北が笑顔で復興できる日が来ることを祈り続ける。

今、一つになる時

熊本県立玉名高等学校一年
木山《きやま》 未咲《みさき》

東北から戻ってきた父の言った言葉に、私は現実を突きつけられ、とても大きなショックを受けた。

「東北は、テレビに映ってるまんまだった」。

三月十一日、日本中を震え上がらせた大震災が東北地方で起こった。マグニチュード九・〇という想像を絶するほどの大きな地震だった。私はその日ちょうど中学校の卒業式だった。まだ感動が残っているままテレビをつけてみると、すでに地震のニュースばかりでパニック状態となっていた。最初は、ただの小さい地震が少し派手に取り上げられているだけなのかなと思いきや、想像以上の現状に私は言葉を失った。崩れて原形のまったくない家、それを全て流していく大津波、そして原発問題。テレビの中のニュースは、まるで日本ではなく外国であったことを伝えているのではないのかと思わせるくらい信じられないことだった。同じ日本ではないと思った。しかし、一日二日と日を重ねるごとに詳細がどんどん明らかになっていった。しかしその内容は、増えていく一方の死傷者数など、よいものなんてまったくなかった。正直に言うと、その時の私はあまりの非現実的なものばかりすぎて、他人ごとのように思っていた。そんな時だった。消防士である父が東北へ派遣《はけん》された。仕事柄《しごとがら》、仕方のない部分もあったのだが、やはり心配だった。そして、父は東北へ一週間派遣《はけん》された。たった一週間なのに、まったく連絡の取れない毎日には不安しかなかった。しかし考えてみれば、被害にあった人たちはこれ以上の不安に、もう何週間も悩まされているのかと思うと、胸が痛んだ。そして、無事に父は帰ってきたものの、向こうで父が自分の目で見た現実はすさまじいものだった。被災地に着いてまず見たものは、一面のがれきの山ばかりで、それを少し片づけてみると死体が出てきたりしたらしかった。海岸には、身元のわからない死体が数えきれないほどたくさんあった。そして、それを運びたいのだが道路がきちんと整備されていないため運ぶこともできず、そのままの状態で放置されているという、あまりにもつらいものだった。テレビだけではわからない、本当の地震の怖さを知った気がした。最初は、私の中には恐ろしさしかなかった。しかし、後から出てきた気持ちは、何かしたいという気持ちだけでしかなかった。

私は九州に住んでいるので東北からはかなり遠いので、できることも限られていると思う。しかし、そういう助けたいという心が日本中で今一つになっているからこそ、少しずつだが東北が元気に復興していっているのではないのだろうか。

義援金を盗んだりするという、心のない事件が最近増えている。悲しいことだが、そんなことをした人には、もし自分が被災地の方々と同じ立場となったらと思って考えてもらいたい。そうすればきっと、そんなこともなくなると思う。困った時はお互いさまだと私は思う。もし、私たちの住んでいる九州が同じように地震が起きたら、きっと日本中の人たちが助けてくれると思う。そうやって、人は支え合いながら生きているのだ。人は、一人では必ず生きていけない。だからこそ、今、一つになる時だと思う。私は、みんなで日本中が元気になれることを願い、それを信じて明日を大切な人たちと一緒に生きていきたい。

東日本大震災

熊本県立玉名高等学校一年
清田《きよた》　朔良《さくら》

三月十一日に東北で、大きな地震が発生しました。この地震は、日本中の人々を驚かせ、恐怖におとしいれました。

私はこの地震が起きた時の映像を見て、とてもショックを受けました。堤防を乗り越え襲《おそ》いかかってくる津波には、とても驚きました。

また、親を亡くした子どもたちもいて、とても悲しかったです。私だったら、悲しくて悲しくてたまらないと思います。誰かに助けてほしくて、幸せだった日々に戻りたくて、涙が止まらないと思います。

しかし、東北の人たちは涙を見せません。たとえ苦しくても、頑張っている人たちばかりです。そして、その東北の人たちを助けようと、日本だけでなく海外の人たちも日本を支えようとしてくれています。

私はこのことを知った時、うれしくてたまりませんでした。こんなにたくさんの人たちが一緒に頑張ろうとしてくれていると思うと、感謝の気持ちでいっぱいになりました。

そして、最も印象に残っているのは、東北の人たちにメッセージを送る人が「頑張れ」ではなく「頑張ろう」と言うことです。この「頑張ろう」という言葉は、誰にとっても一番励ましの言葉になると思います。「頑張れ」と言われると、見放されたような気持ちや一人で頑張らなければいけないという気持ちになります。

しかし、「頑張ろう」は一緒にという意味にとらえることができ、「一人じゃない、私たちも一緒に頑張る」というメッセージを、届けることができます。たった一言かもしれないけれど、受け取る人たちの心にはそのたった一言が、励みになり、頑張ろうという意思を生み出すと思います。

今、東北の人たちは大変だけれど、絶対に幸せな一日を迎える日が来ると思います。こんなに世界中の人が支えてくれているのに、幸せな一日を過ごすことができないはずがありません。私たちが過ごす一日よりももっと幸せな一日が送れると思います。

このような中で、私ができることはあまりに少なすぎるかもしれないけれど、私が過ごす一日をどうでもいい一日にだけはしたくありません。なぜなら、私がどうでもよく過ごした一日は、東北の人たちが過ごしたくて過ごしたくて、たまらないものだからです。だから、どんなにつらく悲しいことがあっても、その一日を大切にしたいです。学校に行けること、友だちに会えること、帰る場所があること、家族がいること、どれも当たり前のことだけれど、それらがどんなに幸せなことで、そしてかけがえのないものかを知らなければいけないと思います。みんなにそれがわかれば、当たり前は当たり前ではなくなると思います。そしたら、東北の人たちの気持ちが少しはわかると思います。そして、東北の人たちへのメッセージも、もっと励ますことのできるものに、変わっていくと思います。

この東北大震災はとてもつらいものだったけれど、日本が一つになったような気がします。また東北の人たちが、いつもの生活ができるようになることを願っています。どんなに離れていても、ずっと応援し続けるし、一緒に頑張っていきたいです。どんなにつらいことがあっても、東北の人たちも頑張っているのだから、頑張っていこうと思います。

東北の人たちが一日も早く、笑顔で今日という日を迎えることができますように。

日本人みんなで‼

熊本県立玉名高等学校一年
坂本《さかもと》　志織《しおり》

三月十一日。この日からもう三か月も経ってしまった。たくさんの方の大切な人を奪ったこの日。あの時、私はまだ中学生だった。卒業式を数日後に控《ひか》え、友だちと学校に残っていた。

「宮城県沖で地震が発生しました。津波が来ています。生徒は早く帰宅して下さい」

こんなアナウンスが校内に流れた。これを聞いて、私は友だちと宮城県で起きたのに大げさだと笑いながら話していた。しかし、家に帰ってみると、どのチャンネルもその地震についてのニュースが放送されていた。津波が押し寄せる様子。家屋、車、大きなビニールハウスが、何の抵抗もなしに次々と津波に飲み込まれていった。この時の衝撃は今も覚えている。

次の日、買い物に行くとすでにスーパーやコンビニエンスストアなどのレジには、募金箱が置かれていた。友だちが募金しているのを見て、私もつられて募金箱につり銭を入れた。

地震から数日が過ぎたある日、母に読んだほうがいいと言われて新聞に載っていた記事があった。それは地震の被害にあった女性が書いたものだった。そこには、

「皆さんどうぞうれしかったら笑って下さい。私たちは人の幸せをねたむほど、落ちぶれてはいません。私たちもすぐに皆さんに追いつきます」

と書かれていた。テレビなどでは、復興の目途《めど》はついていない。海水による被害は大きいなどの悪いニュースがほとんどを占《し》めて流されている。しかし、それを一番理解し、苦労しているはずの被災地の人が、私たちよりも前向きに物事を考えていた。東北の人の強さに驚いた。そして、逆に自分もがんばろうと思わせてくれた。このおかげで、それまでは、友だちにつられて募金などをしていたが、こんな人々のために募金を自ら進んでやりたいと思えるようになった。

地震発生後、ニュースを見ていると、悲しくて暗い話題も確かに多い。しかし、その中にも明るい話題もある。芸能人の方が被災地に出向き、炊き出しを行ったり、歌を歌い、ライブを行ったり、地震から何日も経ってから犬が飼い主と再会したり、心

温まる話題だ。私が偶然見た中で、日本全国のラーメン店の店主が各地で材料を持ち寄って、被災地においしいラーメンを届けていた。もちろん、自主的に行っているため、お金がもらえるわけではない。皆、赤字である。しかし、その方たちは「ラーメンを食べて笑顔になってくれる。その笑顔だけで十分です」と話していた。こんなふうに人々を助けたい、人々の力になりたいと思っている人が日本にはたくさんいる。私もたいしたことはできないが、この人たちの一員になりたいと思う。これからも皆の思いで日本を支えていきたい。

今、私たちにできること

熊本県立玉名高等学校一年
林《はやし》 果歩《かほ》

二〇一一年三月十一日、私たちの中学校では卒業式が行われていた。私たちは、卒業するというれしさで胸がいっぱいだった。生徒、保護者、先生、みんなが笑顔にあふれ喜び合ったよい卒業式だった。

私は卒業証書を胸にかかえて家に帰り、テレビをつけた。放送されていたのは、津波で家や車などが流されている様子だった。「これはどこの国だろう」。私はこの悲惨《ひさん》な光景を日本と認めたくなかった。そして無意識に涙が出た。卒業式で流した涙とはまったく違う涙が。私はなぜ涙を流したのだろう。被災した人への同情だろうか。変わり果てた東北を見るのがつらかったのだろうか。いや、この時の私はおそらく、もし自分の周りでこのような津波が起こったらと考えると怖かったのだろうと思う。自分のことしか考えることができなかったのだ。

次の日、私は買い物をするため近くのスーパーへ行った。会計をするためレジへ行くと、私の前に小学校低学年くらいの小さな男の子がならんでいて、「東北で起きた震災の義援金」と書いてある箱をじっと見つめていた。すると、その男の子は店員さんに、「僕のお菓子、一つ減らして下さい」と言って二つあったお菓子を一つ減らしてもらうと、返ってきたおつりを全て箱に入れていた。「ありがとうございます」そう言った店員さんの声が震えていた。私は私が自分のことしか考えられていないことにすごく恥《は》ずかしくなった。それから私は義援金の箱を見つけると必ず一円でも募金するようになった。

テレビの被災者へのインタビューを見ていると「私たちは色々な奇跡が重なって、あの大震災や大津波から生き残れた。だから、これからの暮らしにぜいたくは言えない」と答えている人がいた。私には、この言葉が夢や希望を捨てているように聞こえた。どうすれば被災された方々に夢や希望を与えることができるのだろうか。義援金で支援すること。確かにそれも大事かもしれない。だが、被災していない私たちが夢や希望を捨てず、その夢に向かって精一杯努力していくことのほうが被災された方々を元気づけられるのではないだろうか。私たちが夢や希望を捨てていては被災された方々に「夢を捨てないで下さい」なんて言えない。だから私たちは今、精一杯夢に向かって努力しなければならないのだ。その努力は、きっと被災された方々にも届くだろう。そうなれば、被災された方々も夢を捨てず努力しようとしてくれるだろう。「東北団結。日本団結」。これは、私たちの学校が体育祭の人文字で作った文字の一つである。今こそ、東北も日本も夢に向かって一致団結しなければならない。きっと、あのスーパーで見かけた男の子も、みんなが一致団結するとなれば自分の力を精一杯出して夢に向かって努力してくれるだろう。私も、その男の子に負けてはいられない。だから、夢に向かって精一杯努力していこうと思う。

行動の先に

熊本県立玉名高等学校一年
福守《ふくもり》　鴻人《ひろと》

「日本のために、役に立ちたい」

あの大震災以降、このような思いが、沸々《ふつふつ》と心の中にわいてくる。

今、日本はボロボロの状態にある、とテレビで流れていた。被災地から遠く離れた九州で毎日を送っている私たちにとっては、信じ難い状況だ。しかし、被災地では私たちと同じ高校生が、その状況を目の当たりにしているのである。原発問題、外国からの日本不信、見渡す限りある瓦礫《がれき》の撤去《てっきょ》。どれもが大変で、解決には時間がかかりそうなことばかりだ。

こうした状況を見て「復興のため、日本のために役に立ちたい」と感じている若者は、少なくはないはずだ。私も、何かしてあげたいという気持ちが強くあった。私には何ができるのだろうか。いつしかこうしたことを考えるようになった。

私は気づいた。働いている大人たちは、仕事を通して社会のために、復興のために汗を流しているのだ。政治家だけが国を動かしているのではない。コンビニの店員さんがいなければ、この国の経済活動は回らないし、農家がいないとご飯さえも食べられない。人々は、一人一人が役割を持っているのだ。

そうなると、私の役割は何なのだろう。今まで、自分を見つめる、ということをどれだけしてきただろうか。私という存在は、わかっているようでわからない。私のやるべき社会の役割、つまり仕事とは何であろうか。いくら考えても答えはまとまらない。

私たちは、今の時代が一番苦しいと思いがちだが、歴史を振り返ると、逆境の時代は多く存在した。しかし先人たちは時には命がけでそれに立ち向かってきたのだ。

幕末も、その一つであろう。坂本龍馬でさえ、自分の成すべきことは何であろうかと、思い悩んだに違いない。当時の日本は、アメリカに開国を迫られ、攘夷派《じょういは》と開国派の激しい対立もあった。そんな白か黒かの選択しかない時に、周囲に流れず、自分の道を進んだ龍馬を、私は尊敬している。しかしなぜ龍馬が明治維新へとつながる大偉業を達成できたのか。私は彼の行動力にその理由があると思う。彼は、自身の考えに行き詰まった時に、距離に関係なく、第一に人の考えを聞きに行くことをしたと言われている。このような行動力が、後の日本を大きく変えることになる発想につながったのだと思う。

今日は一歩先も見えないような時代である。このような時、彼の生き方に学び、将来を見据《みす》えることは、新しい時代への道標になるに違いない。

私は、日本はこの困難に打ち勝つことができると思う。これからは、私たちが日本を動かしていくことになる。

必ずこの日本を、世界から認められるような国にしたい。

一人一人の役割

熊本県立玉名高等学校一年
丸山《まるやま》　美緒《みお》

三月十一日。東日本大震災が起こった日。大津波、原発事故、町が壊滅状態になるなどの二次災害も多かった。私は、「かわいそう」「大変そう」「早く復興してほしい」という気持ちから、コンビニエンスストアでは必ずおつりを募金箱に入れるようにしていた。高校一年生の今の私にできることはこのぐらいだと思ったからだ。しかし、私のこの考えは、あるテレビ番組を見て、変わったと言える。

ある土曜日の午後。部活を終えて、特に勉強をする気にもなれなかった私は何気なくついていたテレビを見ていた。その番組は、東日本大震災についての特集だった。「被災地のボランティア活動をする高校生」というタイトルに、私と同じ高校生が何をするのだろうと興味を持った。テレビ画面に写る高校生は、被災地に住んでいる高校生だった。私はすごく驚いた。他の県から来た高校生がボランティア活動をしているのだと思っていたからだ。その高校生たちは、人の家の後片づけをしたり、自衛隊の人たちが作ったご飯を皿につぎ分けたり、運んだりしていた。そんな様子を見て、私の中に一つの疑問が浮かんでいた。「自分たちの方も大変なはずなのにどうしてこんな時に人のお手伝いをしているのだろうか」と。

あれは、私が中学二年生の時の夏だったと思う。弓道部に所属していた私は、試合前だったということもあり、夏休みも部活をするために毎日学校へ行っていた。普段は、毎日決まった時間に起きることができていたのに、その日は朝寝坊をしてしまい、家を出たのは部活が始まる十分前だった。「大丈夫。全力で急げばギリギリで間に合う」そう言い聞かせながら私は、自転車を一生懸命こいでいた。その時、横断歩道を渡ろうとしている一人のおばあちゃんが目に入った。車通りは多く、信号もない。私は、おばあちゃんの横まで行き、手を挙げて車を止め、向こう側の歩道まで連れて行ってあげた。私の身体はすごく自然に動いていた。遅刻するかというよりも、おばあちゃんを放っておけなかった。するとおばあちゃんは、うれしそうに微笑んで、

「ありがとうね。気をつけていってらっしゃい」

と私に言った。胸の奥の方から温かくなっていくのを感じた。

こんなことをふと思い出した。そして「ああ、私とは状況が違うけど、あの高校生たちと少し似ているのかな」と思った。確かに大変、悲しい、つらい、そんな思いを高校生たちもしているのだろう。でもそれはみんな同じ。だったらこんな時こそ助け合いが必要。こんな思いは、誰の心の中にもあると思う。「それなら私にできることは募金をすることだけだろうか」違う気がした。「そうだ、勉強を頑張ろう。そして直接人の役に立てる人間になりたい」そう思った。私が頑張る姿を見て、同級生が頑張る。それを見てまた誰かが頑張る。そんな連鎖が続くといいなと思ったからだ。だから私は今日も頑張る。連鎖がずっと続くことを願って。

高校生たちの貴重な体験は、後世に語り伝えていくべきもの

NPO法人　仕事への架け橋
事務局長　西島《にしじま》　芳男《よしお》

「私のしごと」作文コンクールがスタートしたのは二〇〇五年（平成十七年）のことです。専修学校制度創設三十周年記念事業の一環として、専門学校新聞社が実施したものです。その背景には、フリーターやニートの増加、また若者の高い離職率《りしょくりつ》という深刻な社会問題がありました。正規社員の生涯賃金《しょうがいちんぎん》が一・五～三億円であるのに対し、フリーターは五～六千万円と言われていました。

この作文コンクールは周年記念事業のため、当初は一回きりで終わる予定でした。これ

といった広報活動は行いませんでしたが、全国から三〇〇七編もの応募があり、主催者《しゅさいしゃ》としてはうれしい悲鳴の半面、反響の大きさから、一回限りで終わらせることができなくなったのです。

この事業を継続して運営していくためには、相当の経費が必要なことから、専門学校新聞社の社員・社友によって「NPO法人　仕事への架け橋」（東京都認証）が設立され、第三回大会からNPO法人にこの事業が引き継がれました。これにより、文部科学省や東京都をはじめ、高等学校や専修学校の教育関係団体および一般企業などからの後援《こうえん》・協賛を得ることができたのです。高等学校などでは職業教育・キャリア教育の一環としてこの作文コンクールを活用したり、総合学習の教科に組み込むところもありました。

この作文コンクールには、第一回大会から恒常的《こうじょうてき》なテーマとして「私の理想とする職業人」と「好きな仕事で、夢を叶える！」があり、その時々の社会背景を探りながら特別テーマを設けております。

昨年は、第七回大会の準備中に東日本大震災が発生、それに誘発された巨大津波、そして福島第一原発事故という大変な天災や人災に遭遇《そうぐう》し、コンクール自体の開催さえ危ぶまれました。しかし、高校生や高等専修学校生から「職業」や「仕事」について考える機会と発表の場を奪ってはならない、という強い思いで、大会名に『東日本大震災若者応援メッセージ』を冠《かん》し、特別テーマに「夢（灯）は消さない！」（東日本地区の高校生・高等専修学校生対象）、「夢（灯）を消さないで！」（東日本大震災若者応援メッセージ）を設定して実施しました。応募総数（四一〇四編）の約三割が大震災に関する作文でした。本当に、涙なしでは読めない作品もたくさんありました。

第七回「私のしごと」作文コンクールの募集がスタートして間もなく、ある高校生から『十五回目の誕生日』という題の作品が届きました。「好きで、生まれてきた、わけじゃない……」「好きで、生き残った、わけじゃない……」――というショッキングな書き出しでした。私は作文に目を通しているうちに、涙を抑《おさ》えることができず読めなくなってしまったのです。運命のあの三月十一日は、彼の誕生日でもあったのです。

彼の作品を読み終えた時は、恥《は》ずかしながら、頬《ほお》を伝う涙をぬぐうことさえ忘れていました。その後も原稿を何人かの人に読んでもらいました。読み終えた人たちが次々と涙を流す。それほど彼の作品には、津波に飲み込まれて奇跡的に助かったという実体験と、母と妹を津波で失ったという悲しみがあふれていたのです。

東日本大震災と真っ向から向き合った高校生たちの作文は、貴重な記録として「後世に読み語り継がれなければならない」、私はそう思いました。

私は高校生たちの作品集を出そうと決意し、飛び込みで出版社を回ることにしました。しかし、そうした労力を使うことなく、公益社団法人東京都専修学校各種学校協会事務局長の有我明則さん、株式会社アルテミス・シニアプロデューサーの清水浩さんを介して、児童専門図書の小峰書店に巡り会うことができたのです。温和そうな小峰紀雄社長はその場で快諾《かいだく》してくれました。

大震災で心が折れそうな若者たちが、勇気を持って力強く明日への「第一歩」を踏み出そうと綴《つづ》った作品を、一人でも多くの若者に読んでもらいたいと思います。「仕事は人生の全てではないが、第一番である」という有名な言葉があります。みんなで働かなければ、東日本の復興・再生はありえないのです。『大震災 日本列島が揺れた／高校生・高等専修学校生75人の記録』、この本にこそ、東日本大震災からの復興・再生に向けた若者たちの力強いメッセージが込められているのです。

この本には、高校生・高等専修学校生七十五人の作文が収録されています。第七回大会の入賞作文二十四編の中から、大震災に関する十二作品をまず選び、残りは大震災に関する作文の中から、本大会の第一次審査員の先生方にお願いして、優秀作品六十三編を選んでもらいました。

これらの作品に、まど・みちお先生の絵で花を添《そ》えてもらい、大変うれしく思います。

結びに、東日本大震災で亡くなられた方々のご冥福をお祈りし、被災地の早期復興を祈念するとともに、小峰書店をはじめ、この本の出版に関係したすべての皆さまに感謝いたします。

平成二十四年六月十五日

NPO法人 仕事への架け橋

高校生・高等専修学校生を対象にした「私のしごと」作文コンクールの事業運営のため、2006年に設立された東京都認証の特定非営利活動法人。理事長、一條仁英。若者の自立・挑戦をサポートする活動などを広く手がけている。
http://www.senmon.co.jp/shigoto/

まど・みちお

詩人。1909年山口県生まれ。「ぞうさん」「やぎさんゆうびん」などの童謡が長く愛されている。詩集に『まど・みちお全詩集』（理論社）ほか多数。絵本に『キリンさん』（小峰書店）、画集に『絵をかいていちんち　まど・みちお100歳の画集』（新潮社）などがある。

協力：周南市美術博物館
有限会社 東京都学校総合企画
株式会社 専門学校新聞社
株式会社 アルテミス
銀の鈴社「そらいろのビー玉　尾上尚子詩集」

編集協力・制作：本作り空Sola
装丁：オーノリュウスケ（Factory701）

※本書に掲載された高校生・高等専修学校生の学年や所属学校は2011年7月当時のものです。

大震災 日本列島が揺れた
高校生・高等専修学校生75人の記録

2012年7月30日 第1刷発行

編 NPO法人 仕事への架け橋
画 まど・みちお

発行者 小峰紀雄
発行所 株式会社 小峰書店
〒162-0066 東京都新宿区市谷台町4-15
電話 03-3357-3521 FAX 03-3357-1027
http://www.komineshoten.co.jp/

印刷 イワタ企画 株式会社/製本 小高製本工業 株式会社

NDC816 20cm 294p ISBN978-4-338-08156-6